Applied Linguistics Research:
Design and Statistics

应用语言学研究
设计与统计

雷蕾 / 著

内 容 简 介

本书讨论应用语言学研究设计和常用统计方法,内容涵盖研究选题、研究设计和数据统计分析等方面。本书强调实用性,重视可操作性,在简要介绍研究设计和统计等相关基本概念后,通过研究个案和实例,详细讨论应用语言学研究中常用的卡方检验、T检验、方差分析、相关分析、回归分析、探索性因子分析等统计检验的具体操作方法。本书适合应用语言学领域研究者和硕士、博士生阅读。读者在阅读全书后,可对应用语言学研究重要概念和方法有较为全面的了解,并能设计和操作应用语言学相关研究项目。

图书在版编目(CIP)数据

应用语言学研究设计与统计/雷蕾著.—武汉:华中科技大学出版社,2016.3(2022.1重印)
(高校外语教育与研究文库)
ISBN 978-7-5680-1317-8

Ⅰ.①应… Ⅱ.①雷… Ⅲ.①应用语言学-研究 ②统计语言学-研究 Ⅳ.①H08

中国版本图书馆 CIP 数据核字(2015)第 253781 号

应用语言学研究设计与统计 雷 蕾 著
Yingyong Yuyanxue Yanjiu Sheji yu Tongji

策划编辑:刘　平
责任编辑:刘　平
封面设计:原色设计
责任校对:何　欢
责任监印:徐　露
出版发行:华中科技大学出版社(中国·武汉)　　电话:(027)81321913
　　　　　武汉市东湖新技术开发区华工科技园　　邮编:430223
录　　排:华中科技大学惠友文印中心
印　　刷:武汉市籍缘印刷厂
开　　本:787mm×1092mm　1/16
印　　张:13　插页:1
字　　数:328千字
版　　次:2022年1月第1版第5次印刷
定　　价:48.00元

本书若有印装质量问题,请向出版社营销中心调换
全国免费服务热线:400-6679-118　竭诚为您服务
版权所有　侵权必究

序

雷蕾博士在上海交大学习期间，修读了我讲授的《语料库语言学》课程，与我交流颇多；毕业后，也一直与我保持着联系。在我教过的学生中，雷蕾个性鲜明，勤勉钻研，思维活跃。无论是课中讨论还是课下交流，我都能感觉到他活跃的思维和对学术动态的敏锐把握。记得他曾就搭配研究与我交流，他提出可从学术英语视角来进一步研究搭配，并编纂了学术英语搭配词表和词典，在我看来这是非常不错的研究视角，也是他敏锐学术洞察力的一个佐证。二是研究兴趣广泛。他的研究涉及语料库语言学、学术英语、二语习得、语言研究方法论等方向，且在各方面都颇有思考。三是笔耕不辍。他在交大读书期间即在国内外期刊发表论文，近几年又在国际著名应用语言学期刊发表了数篇质量不错的论文，今年也获批了国家社科基金项目。看到雷蕾的卓越成就，我感到由衷的喜悦。

雷蕾的新作《应用语言学研究设计与统计》完成后，给我寄来了书稿，并嘱我作序。这本书使我从新的角度重新梳理、领略了有关研究方法与统计手段的要义，的确启发良多，受益匪浅。我觉得，该书对应用语言学领域的学者和研究生学习研究设计和统计方法均有裨益，故十分高兴为之作序。

书稿涵盖应用语言学研究的选题、研究设计和主要统计方法，内容全面。读者在学习完该书后应该对应用语言学研究有较为全面的了解。如雷蕾在前言中所述，该书不拘泥于理论和统计相关的繁琐概念讨论，重在使用与操作。然而，不可否认的是，该书对相关理论和基本概念的阐述清晰明了、浅显易懂，实属不易。尤其需要一提的是，该书通过诸多研究个案和示例讲解，来说明研究设计和统计分析的具体使用，可操作性强；每种统计方法均配有大量图例来演示操作步骤，非常适合读者自学，也可供研究者在研究时随时查询。

总之，书稿删繁就简，以通俗易懂的方式讨论了应用语言学领域的研究设计和常用统计方法。书稿也帮助我重新梳理了相关知识体系,阅读过程轻松愉悦。我乐见书稿出版,也愿意推荐给应用语言学领域的学者和研究生阅读。

是为序。

卫乃兴
2015 年 9 月 26 日
于　北航

前言

本书缘起于近五年我给华中科技大学外国语言学和应用语言学专业硕士生讲授的《语言研究方法》课程。在授课过程中，我期望能够通过简单明了的方式教授学生如何进行应用语言学研究。怀着此目的，授课过程中，我不拘泥于繁琐的理论介绍或探讨，也不纠结于文科生望而生畏的数学公式演算，而是尽量以简明的语言介绍基本概念，并通过一个个应用语言学研究案例，给予学生实用性和操作性强的指导。授课的同时，我撰写了课程讲义，并在授课时使用。五年来，硕士生对课程和讲义普遍反映较好。课程也吸引了校内其他院系硕士生、博士生和为数不少的其他高校青年教师来旁听。同事和学生们也一直督促我尽快将讲义整理成书，以让更多应用语言学研究者和研究生受益。于是就有了本书的出版。

本书旨在对应用语言学研究的研究设计和常用统计方法进行操作性方面的介绍和讨论。从方法论来看，应用语言学领域的研究可分为定性研究和定量研究，且大多数研究为定量研究。因此，本书侧重讨论应用语言学领域定量研究的相关方法，并试图贯穿从选题到研究设计、到数据统计分析的整个应用语言学定量研究过程。本书首先厘清研究相关的基本概念，并简要介绍定性研究的方法。然后，介绍如何选题和如何进行研究设计。本书大部分篇幅讨论应用语言学定量研究所需的统计基本概念和常用统计方法，包括统计基本概念、卡方检验、T检验、方差分析、相关分析、回归分析、探索性因子分析等。

本书有如下几个特点。首先，强调实用性。本书以应用语言学研究常用的概念、方法等为主要内容，基本涵盖了应用语言学研究的要点。读者在阅读全书后，应可对应用语言学研究的重要概念和方法有较为全面的了解，并能设计和操作自己的研究项目。

其次，重视可操作性。本书不拘泥于讨论繁复的理论和数学演算，在简要、清晰地介绍基本概念后，通过研究个案和实例，侧重讨论具体的操作方法。比如，在介绍如何选择统计方法时，本书通过表格形式扼要介绍在何种情况下选择何种统计方法，内容直观，便于查询和学习。又如，在介绍统计方法时，本书配有大量图例，读者可以按照图例步骤，一步步操作自学。再如，本书择要解释统计结果表格内容，特别是提纲挈领介绍结果表格中重要的、研究报告中需要汇报的内容，以帮助读者更迅速地理解和解释统计结果。

最后，除第一章外，本书所有章节都配有练习题，以供读者思考和练习。另外，本书还提供所有章节和练习题的数据，以方便读者练习操作。需要数据的读者可与作者联系索取。(Email:leileicn@qq.com)

在课程讲授过程中，修课的硕士生、博士生和青年教师就书的内容提供了诸多宝贵建议，所以我要首先感谢他们，没有他们的鼓励和建议，本书不可能完成。其次，北京航空航天大学卫乃兴教授是我在上海交通大学求学期间的授课教师，在交大求学期间及毕业后，卫教授始终对我鼓励有加，卫教授严谨的治学态度和孜孜追求真理的精神也时刻鞭策着我，不敢丝毫松懈。本书成书后，我斗胆向卫教授求序并获应允。我要借此机会衷心感谢卫教授的提携和关爱。再次，感谢华中科技大学外国语学院的领导和同事们长期以来对我工作和生活上的关心和帮助。在华中科技大学外国语学院工作是幸福和愉快的。最后，我要感谢我的夫人韦瑶瑜女士和我们的女儿雷浦煦，没有她们的爱，生活则无意义。我要将此书献给她们。

目 录

第 1 章	研究概述	/1
1.1	什么是研究	/1
1.2	定量研究与定性研究	/1
1.3	常用定性研究方法	/3
	1.3.1 个案研究	/3
	1.3.2 访谈	/4
	1.3.3 话语分析和语篇分析	/5
	1.3.4 有声思维法	/5
1.4	如何学习研究方法	/6
1.5	建议阅读书目	/6
1.6	本书结构	/7

第 2 章	如何选题	/9
2.1	选题来源	/9
	2.1.1 在外语教学或学习实践中发现选题	/9
	2.1.2 在文献中发现选题	/9
	2.1.3 复制前人的研究	/11
2.2	选题注意事项	/12
	2.2.1 研究意义	/12
	2.2.2 可操作性	/13
2.3	练习	/13

第 3 章	研究设计	/14
3.1	研究设计前需明确的几个问题	/14
	3.1.1 被试的类型和样本量	/14
	3.1.2 自变量和因变量	/14
	3.1.3 搜集数据和分析数据	/15
3.2	组内设计、组间设计、混合设计	/15
3.3	一个自变量的研究设计	/17
	3.3.1 一个自变量的组内设计	/17
	3.3.2 一个自变量的组间设计	/17
3.4	多个自变量的研究设计	/17
	3.4.1 组内设计	/18
	3.4.2 组间设计	/19

    3.4.3 混合设计 /19
  3.5 研究的信度和效度 /20
    3.5.1 信度 /20
    3.5.2 效度 /20
    3.5.3 影响研究效度的因素 /21
  3.6 练习 /21
    3.6.1 课外阅读 /21
    3.6.2 实验设计 /22

第4章 统计学基础 /23

  4.1 统计学基本概念 /23
    4.1.1 变量的计量尺度或数据类型 /23
    4.1.2 单因素数据、双因素数据、多因素数据 /24
    4.1.3 研究预设 /24
    4.1.4 研究假设 /24
    4.1.5 全体与样本 /25
  4.2 描述性统计和推断性统计 /25
  4.3 常见的描述性统计 /27
    4.3.1 频次、最大值、最小值、总和 /27
    4.3.2 趋中和离散趋势的度量 /27
  4.4 统计值、自由度、p 值 /27
  4.5 如何选择推断性统计方法 /28
    4.5.1 参数性统计和非参数性统计 /28
    4.5.2 选择统计方法需注意的问题 /29
    4.5.3 比较数据差异 /29
    4.5.4 相关分析 /30
    4.5.5 回归分析 /31
  4.6 练习 /31

第5章 SPSS 快速入门 /34

  5.1 在 SPSS 中输入数据及变量相关设置 /34
  5.2 数据输入实践技巧 /40
  5.3 描述性统计分析 /41
  5.4 练习 /43

第6章 计算原始分与标准分 /44

  6.1 正态分布 /44
  6.2 原始分与标准分的计算 /45
  6.3 练习 /47

第7章 卡方检验 /48

  7.1 数据拟合度检验 /48

目录

    7.2   独立性检验 /52
    7.3   练习 /55

第8章 T检验 /57
    8.1   独立样本T检验 /57
    8.2   配对样本T检验 /61
    8.3   单样本T检验 /64
    8.4   练习 /66

第9章 方差分析（组间设计） /67
    9.1   主效应和交互效应 /67
    9.2   组间设计 /68
    9.3   单因素组间设计 /68
    9.4   两因素完全随机设计 /72
    9.5   三因素完全随机设计 /82
    9.6   练习 /92

第10章 方差分析（组内设计） /93
    10.1   组间设计与组内设计 /93
    10.2   二因素重复测量 /94
    10.3   三因素重复测量 /102
    10.4   练习 /116

第11章 方差分析（混合设计） /117
    11.1   二因素混合设计 /117
    11.2   三因素混合设计 /126
        11.2.1   一个组间、两个组内因素的三因素混合设计 /126
        11.2.2   两个组间、一个组内因素的三因素混合设计 /138
    11.3   练习 /149

第12章 相关分析 /150
    12.1   相关系数的选择 /150
    12.2   相关系数的取值（以 r 为例） /150
    12.3   两个连续变量间的相关分析 /151
    12.4   两个定序变量间的相关分析 /155
    12.5   两个分类变量间的相关分析 /157
    12.6   偏相关分析 /160
    12.7   练习 /163

第13章 回归分析 /165
    13.1   什么是回归分析 /165
    13.2   回归方程 /166
    13.3   对回归方程进行检验 /166
        13.3.1   R 平方等参数 /166

13.3.2　回归方程的 F 检验　　　　　　　　　　　　　/166
　　　13.3.3　回归系数检验　　　　　　　　　　　　　　　/167
　　　13.3.4　Durbin-Watson 检验　　　　　　　　　　　　/167
　　　13.3.5　共线性诊断　　　　　　　　　　　　　　　　/167
　　　13.3.6　容忍度　　　　　　　　　　　　　　　　　　/167
　　　13.3.7　方差膨胀因子　　　　　　　　　　　　　　　/167
　　　13.3.8　条件指数　　　　　　　　　　　　　　　　　/167
　13.4　回归分析实例　　　　　　　　　　　　　　　　　　/168
　13.5　练习　　　　　　　　　　　　　　　　　　　　　　/183

第 14 章　探索性因子分析　　　　　　　　　　　　　　　/184
　14.1　什么是因子分析　　　　　　　　　　　　　　　　　/184
　14.2　探索性因子分析的样本大小　　　　　　　　　　　　/184
　14.3　量表信度检验　　　　　　　　　　　　　　　　　　/185
　14.4　探索性因子分析操作方法　　　　　　　　　　　　　/186
　　　14.4.1　因子抽取　　　　　　　　　　　　　　　　　/188
　　　14.4.2　旋转方法　　　　　　　　　　　　　　　　　/189
　　　14.4.3　因子分析结果设置　　　　　　　　　　　　　/189
　　　14.4.4　相关系数显示方式设置　　　　　　　　　　　/191
　14.5　第一次探索性因子分析结果　　　　　　　　　　　　/191
　　　14.5.1　相关矩阵　　　　　　　　　　　　　　　　　/191
　　　14.5.2　公因子方差　　　　　　　　　　　　　　　　/192
　　　14.5.3　特征值和解释的方差　　　　　　　　　　　　/193
　　　14.5.4　因子矩阵　　　　　　　　　　　　　　　　　/194
　14.6　第二次探索性因子分析结果　　　　　　　　　　　　/195
　　　14.6.1　特征值和解释的方差　　　　　　　　　　　　/195
　　　14.6.2　因子矩阵　　　　　　　　　　　　　　　　　/197
　　　14.6.3　最终结果　　　　　　　　　　　　　　　　　/198
　14.7　练习　　　　　　　　　　　　　　　　　　　　　　/199

第 1 章
研究概述

本章首先介绍研究及其定义以及定量研究与定性研究的区别。其次,简要介绍常用定性研究方法,包括个案研究、访谈、话语分析和语篇分析、有声思维法等。再次,介绍如何学习研究方法。最后,介绍本书的结构。

1.1 什么是研究

研究是指采用科学的方法对某事物或现象进行探索或调查。Mackey & Gass (2005)[①]认为,研究就是找到问题的答案。应用语言学领域的研究者或外语教师可能经常会碰到如下问题,如为什么 A 班的学生比 B 班的学生学习外语更努力、成绩更好?什么学习策略或方法能使学生更好地学习外语词汇或语法?学生的学习经历、家庭背景等因素会影响他们外语学习的效果吗?为解决如是问题,研究者或教师会采用科学的方法,或通过教学实验,或通过问卷调查/访谈等方式进行研究,寻求解决方案。

科学研究最常用的研究方式是实证研究。实证研究基于研究问题和研究假设,通过研究者的观察、实验、调查等方法,搜集数据并对数据进行定性和定量分析,推论、演绎问题的本质和发展规律。因此,实证研究的结果或发现是可以重复验证的。实证研究与理论探索、形式科学(如数学或逻辑等)、反思性研究等相对应,它们主要与理论相关,采用思考、逻辑分析或数学分析的方法来进行研究。

1.2 定量研究与定性研究

实证研究可大致分为定量研究和定性研究。

定量研究和定性研究的最大区别是对数据的处理方式不同。定量研究始于研究设计,往往需要对数据进行量化或数理统计分析,从而验证或推翻研究假设。与之相对应,定性研究的数据往往不容易量化,因此对数据的解释往往是解释性的。

---

① Mackey A, Gass S. 2005. *Second Language Research: Methodology and Design* [M]. Mahwah, NJ: Lawrence Erlbaum Associates.

需要注意的是,定量研究与定性研究是一个连续的统一体,有时候不能清晰地区分定量研究与定性研究。比如,出于研究需要,研究者可能对数据进行转化,将定性研究的数据进行定量统计分析。

另外,研究往往同时采用定量和定性研究方法,比如,在对问卷调查数据进行统计分析之后对被试进行访谈,访谈结果的解释性分析可能是问卷调查统计分析结果的补充。

Mackey & Gass(2005:2-5)整理了定量研究和定性研究的区别,见表1.1。

表1.1 定量研究和定性研究的特征

定量研究	定性研究
1. 对测量方法进行控制	1. 自然观察,或对观察进行控制
2. 客观	2. 主观
3. 以验证性为导向	3. 以探索性为导向
4. 以结果为导向	4. 以过程为导向
5. 可信,"硬数据",结果可复制	5. "软数据",结果可能不可复制
6. 结果可推广(Generalizable)	6. 个案为主,结果不可推广

(表1.1 改编自 Mackey & Gass,2005:2-5)

在应用语言学或外语教学领域,定量研究往往采用实验(教学实验或心理学实验)、问卷调查、语料库等方法来进行研究,定性研究往往采用个案研究、访谈、日记、有声思维法等方法来进行研究。

下面是两篇论文的摘要,我们可以通过摘要来观察定量研究和定性研究的区别。第一篇摘要中的"本文通过跨语言句法启动实验"一句,说明了该研究为一项实验研究,因此可以明确该研究为定量研究。第二篇摘要开篇即明确说明,该研究使用访谈法和日记法进行研究,因此可以明确该研究为定性研究。

定量研究摘要范例[①]

> 提要:双语句法表征研究表明,双语句法表征是共享的(Hartsuiker, Pickering & Veltkamp,2004),也有人认为,二语句法最初独立表征并逐渐发展到与一语句法共享表征(Bernolet,2008)。本文通过跨语言句法启动实验,研究了汉英不平衡双语者的双语句法表征。结果表明,除汉英被动句启动实验外,其他实验均没有出现启动效应。本文认为,汉英不平衡双语者两种语言的句法表征不是完全共享的,而是部分共享的。另外,不平衡双语者的二语句法表征在向与一语句法表征共享的发展过程中,存在一语占支配地位的中间阶段。
>
> 关键词:双语句法表征、跨语言句法启动、不平衡双语者、部分共享、一语支配

定性研究摘要范例[②]

---

① 雷蕾,王同顺.2009.双语句法表征——来自汉英不平衡双语者句法启动的证据[J].现代外语,32(2):158-167.
② 秦晓晴.2002.大学生外语学习归因倾向及其对归因现象的理解[J].现代外语,25(1):71-78.

> 本文运用访谈法和日记法，对非英语专业二年级大学生中 8 名不同水平英语学习者的归因倾向对动机行为的影响，以及不同归因倾向的成因进行了个案研究。分析结果表明，不同英语水平的学习者在学习环境、课堂教学、语言天赋和个人努力等方面的归因上存在着定性差异；高分组在解释归因时具有较强的一致性，低分组在解释归因时则存在差异；归因和归因理解上对外语学习动机产生直接影响。

本书主要论述应用语言领域定量研究的研究设计和统计方法。下面简要讲述定性研究的常用研究方法，在后续章节中我们将详细讨论定量研究方法。对定性研究感兴趣的读者，可以参考 Heigham & Croker (2009)[①]等著作。

1.3 常用定性研究方法

本小节介绍个案研究、访谈、话语分析/语篇分析、有声思维法等定性研究常用的研究方法。

1.3.1 个案研究

应用语言学经常用到个案研究方法。个案研究往往以较少量具有典型代表性的样本为研究对象，对某一研究问题进行较深入的研究。根据 Yin (2003)[②]，个案研究可分为探索性个案研究(Exploratory Case Study)和描述性个案研究(Descriptive Case Study)。当我们对某研究问题或现象了解甚少，需要对之进行研究以便为后续定量研究做前期探索时，则需要用到探索性个案研究。当我们需要对某研究问题或现象进行详细、深入研究和描述时，则需要用到描述性个案研究。与定量研究和定性研究类似，探索性个案研究和描述性个案研究也没有绝对的区分。另外，个案研究往往持续较长时间，如对某个案进行数月或数年的跟踪研究，则此类个案研究为历时个案研究(Longitudinal Case Study)。

比如，Li & Schmitt (2009)[③]旨在研究二语学习者是如何习得词汇短语的。该研究以来自中国的一名硕士生为个案，对该硕士生在读一年级期间完成的 8 篇文章及其毕业论文中的词汇短语进行了研究。该研究以一名研究生为个案，其研究对象为该生历时一年写作的文章和毕业论文，观察其一年使用词汇短语的变化，是典型的历时个案研究范例。

关于个案研究的详细论述，读者可以参考 Yin (2003)、Duff (2008)[④]和 Heigham & Croker (2009)第 4 章。

---

① Heigham J, Croker R A. 2009. *Qualitative Research in Applied Linguistics: A Practical Introduction* [M]. London: Palgrave Macmillan.
② Yin R K. 2003. *Case Study Research: Design and Methods* [M]. 3rd ed. Thousand Oaks, CA: Sage Publications.
③ Li J, Schmitt N. 2009. The Acquisition of Lexical Phrases in Academic Writing: A Longitudinal Case Study [J]. *Journal of Second Language Writing*, 18(2): 85-102.
④ Duff P. 2008. *Case Study Research in Applied Linguistics* [M]. New York: Taylor & Francis.

1.3.2 访谈

应用语言学领域常使用访谈方法来搜集数据,考察二语学习者的学习经验、对某问题的观点等。访谈可以在问卷调查前进行,以便为编制问卷提供题项参考;或者在问卷调查后进行,以对问卷调查的定量数据分析结果进行进一步验证和补充。

在访谈前,研究者往往针对研究目的和研究问题准备访谈的问题。根据访谈问题的方式,访谈可大致分为结构性访谈、半结构性访谈和开放式访谈。结构性访谈的问题非常精确,其可能的回答也往往非常细致,旨在针对特定的研究问题搜集数据;结构性访谈往往不允许被访谈者自由回答,访谈者也不会根据被访谈者的回答追问相关问题,因此,结构性访谈又被称作口头问卷。开放性访谈大多采用开放式问题,旨在深入调查被访谈者对某问题的经历和观点;访谈者会准备访谈提纲,在访谈过程中,可能针对被访谈者的回答,追问相关问题,以更深入地搜集数据。半结构性访谈则介于结构性访谈和开放性访谈之间,访谈者可能会同时准备类似结构性访谈时的精确问题和开放式访谈时的访谈提纲,但访谈方式较结构性访谈灵活,在询问结构性问题时,也可能会根据被访谈者的回答,追问问题。由于半结构性访谈综合了结构性访谈和开放式访谈的优点,因此是应用语言学中最常见的访谈方式。

King & Fina (2010)[①]通过访谈,研究了美国西班牙语拉丁裔移民的个人经历、身份与美国语言政策的关系。该研究访谈侧重于访谈对象的个人移民经历、语言学习、语言使用、语言政策等。下面是该文对访谈过程的描述:

All interviews touched on a similar range of topics (Appendix 2 available as online supplementary material), focusing on participants' personal history of migration and experiences with language learning, use, and policy. Participants were also encouraged to expand on topics, experiences, and sentiments of interest and importance to them. Women were recruited through personal and professional networks, including participants in prior studies. In some cases, the interview and interviewer had known each other personally over multiple years, while in others instances, they were recent acquaintances. Interviews ranged from 30 to 90 min, with most lasting about an hour. Researchers explained to the participants that they were interested in their life as immigrants and in how they had dealt with language issues. All interviews took place at a location of the participants' choosing, typically either in the participant's place of work or a nearby café, and were conducted and transcribed in Spanish. (King & Fina, 2010:655)

关于访谈的详细论述,读者可以参考 Heigham & Croker (2009) 第9章。

---

① King K A, Fina A D. 2010. Language Policy and Latina Immigrants: An Analysis of Personal Experience and Identity in Interview Talk[J]. *Applied Linguistics*, 31(4):651-670.

1.3.3 话语分析和语篇分析

话语分析(Conversational Analysis),又称作语篇分析(Discourse Analysis),是对真实发生的口头或笔头语言材料进行分析的研究。如果研究的是口语材料,研究者往往需要对录音或录像的相关材料进行转写,然后分析转写材料中的相关信息。比如,Yang & Yap (2015)[1]利用80小时的普通话广播录音,在模糊限制语(Hedging)理论框架内,研究了"恐怕"一词在人际关系中的语用功能。

作为话语分析的一个分支,批判性话语分析(Critical Discourse Analysis)将语言看做社会实践的一部分,因此,批判性话语分析多从社会和政治等视角对语言材料进行分析。比如,Chiluwa & Ifukor (2015)[2]是比较典型的批评性话语分析的例子。社交媒体 Twitter 和 Facebook 上发起了声援尼日利亚被绑架女童的♯BringBackOurGirls 运动。Chiluwa & Ifukor (2015)搜集了 Twitter 和 Facebook 上的相关材料,运用评价理论和批判性话语分析方法,对该运动的语篇特征和情感立场等进行了研究。又如,Park (2015)[3]通过话语分析方法,研究了写作培训中学习者如何提出请求。论文分析了两种不同的提出请求的方式(*I don't know . . . vs. I want . . .*)。

关于话语分析或语篇分析的详细论述,读者可以参考 Fairclough (2003)[4]、Keller (2013)[5]和 Heigham & Croker (2009)第12章。

1.3.4 有声思维法

有声思维法(Protocol Analysis 或 Think-Aloud)要求被试在完成某任务的同时,将他们的思维用声音表达出来,以便研究者研究他们在完成任务时的认知心理活动。由于我们不习惯将自己的思维表达出来,因此,在进行有声思维法研究前,往往需要对被试进行简短培训,以训练他们有声表达思维。在被试进行有声思维任务时,研究者会对被试进行录音或录像,并将录音或录像进行转写,然后再对转写材料进行分析。比如,Vinther (2005)[6]要求学生在电脑上完成分析句法和建构树图的任务,并同时口头报告他们在分析句法时的认知活动。该研究为典型的有声思维法研究。又如,鞠秋红、王文宇、周丹丹(2007)[7]通过有声思维法和访谈法研究了中国大学生阅读两篇英语文章时的母语思维。

---

[1] Yang Y, Yap F H. 2015. "I Am Sure but I Hedge":Fear Expression kǒngpà as an Interactive Rhetorical Strategy in Mandarin Broadcast Talk[J]. *Journal of Pragmatics*(83):41-56.

[2] Chiluwa I, Ifukor P. 2015. "War against Our Children":Stance and Evaluation in ♯BringBackOurGirls Campaign Discourse on Twitter and Facebook[J]. *Discourse & Society*,26(3):267-296.

[3] Park I. 2015. Requests:Knowledge and Entitlement in Writing Tutoring[J]. *Language & Communication*(43):1-10.

[4] Fairclough N. 2003. *Analysing Discourse:Textual Analysis for Social Research*[M]. London:Routledge.

[5] Keller R. 2013. *Doing Discourse Research:An Introduction for Social Scientists*[M]. London:Sage.

[6] Vinther J. 2005. Cognitive Processes at Work in CALL[J]. *Computer Assisted Language Learning*,18(4):251-271.

[7] 鞠秋红,王文宇,周丹丹. 2007.中国大学生外语阅读过程中的母语思维研究[J].现代外语,30(3):262-270.

关于访谈的详细论述,读者可以参考 Ericsson & Simon (1993)[①]、Kuusela & Paul (2000)[②]和 Heigham & Croker (2009)第 11 章。

1.4 如何学习研究方法

学习研究方法需要注意如下几个方面的问题。首先,理解研究方法的基本概念。应用语言学领域的研究方法主要涉及研究设计和统计方法。因此,我们可以通过阅读相关论著和论文,来了解研究设计和统计相关的基本概念。在阅读本书相关章节的同时,感兴趣的读者也可以阅读 1.5 小节所列著作的相关章节,以加深理解,巩固所学。

在理解基本概念后,可通过大量阅读论文,了解各种研究方法在已发表研究中是如何运用的。阅读论文较之阅读专著的优势在于,论文是研究者最新研究成果,通过阅读论文既可以了解最新的研究动向,也可以学习相关研究方法。因此,读者可咨询相关研究方向的专家,了解相关研究方向的重要期刊,然后集中时间大量阅读重要期刊论文中的研究方法部分,或搜索与特定研究方法相关的论文,集中阅读其研究方法部分,以学习研究方法的实际运用。本书在介绍某种研究设计或方法之后,都会推荐读者阅读相关的论文。

其次,动手实践。学习研究方法,不需要太多死记硬背,也不能仅仅阅读相关文献,而需要学习者动手实践,比如设计相关研究,并亲自动手搜集数据和分析数据。实践不仅仅能巩固所学,更能在实践中遇到书本或课堂上没有提及的问题,这时再寻找办法解决之,可能获益更多。本书在介绍相关方法基本概念之后,都会为读者介绍如何进行实践操作,并提供相关练习和统计数据。

再次,多与同行和专家讨论和交流。讨论和交流对于研究方法的学习和研究本身至关重要。我们设计的自认为较精致的研究,往往存在这样或那样的瑕疵,甚至会有大的纰漏。多与同行和专家讨论和交流,向他们介绍自己的研究设计和方法,向他们咨询或请教意见或建议,往往能够使我们的研究更加完善。

最后,勤动笔。当有了好的选题或好的研究设计/研究方法,要马上动笔记录下来,因为好的点子或想法可能稍纵即逝,不记录下来可能很快就遗忘了。另外,勤动笔也包括勤写勤练,尽快将我们的研究成果整理成论文。论文写作如任何其他手艺活(Craftsmanship)一样,动笔越多,越熟练,论文质量才能逐步提高。

1.5 建议阅读书目

Brown J D. 2001. *Using Surveys in Language Programs* [M]. Cambridge: Cambridge

---

[①] Ericsson K A, Simon H A. 1993. *Protocol Analysis: Verbal Reports as Data* [M]. Cambridge, MA: MIT Press.
[②] Kuusela H, Paul P. 2000. A Comparison of Concurrent and Retrospective Verbal Protocol Analysis [J]. *American Journal of Psychology*, 113(3): 387-404.

University Press.

Brown J D. 2001. *Understanding Research in Second Language Learning*（外语教学研究方法——教育统计学导读）[M]. Beijing: Foreign Language Teaching and Research Press.

Dörnyei Z. 2003. *Questionnaires in Second Language Research: Construction, Administration and Processing* [M]. Mahwah, NJ: Lawrence Erlbaum Associates.

Hatch E M, Lazaraton A. 1991. *The Research Manual: Design and Statistics for Applied Linguistics* [M]. New York, NY: Newbury House Publishers.

Heigham J, Croker R A. 2009. *Qualitative Research in Applied Linguistics: A Practical Introduction* [M]. London: Palgrave Macmillan.

Larson-Hall J. 2009. *A Guide to Doing Statistics in Second Language Research Using SPSS* [M]. New York: Routledge.

Mackey A, Gass S M. 2005. *Second Language Research: Methodology and Design* [M]. Mahwah, NJ: Lawrence Erlbaum Associates.

Seliger H W, Shohamy E. 1999. *Second Language Research Methods* [M]. 上海：上海外语教育出版社.

刘润清. 1999. 外语教学中的科研方法[M]. 北京：外语教学与研究出版社.

文秋芳. 2001. 应用语言学研究方法与论文写作[M]. 北京：外语教学与研究出版社.

潘玉进. 2006. 教育与心理统计——SPSS应用[M]. 杭州：浙江大学出版社.

秦晓晴. 2003. 外语教学研究中的定量数据分析[M]. 武汉：华中科技大学出版社.

1.6 本书结构

本书共有14章，大致可分为两个部分。

第一部分包括前3章，涵盖研究概述、定性研究方法、选题、研究设计等内容。第1章首先介绍研究的定义，并讨论定量研究和定性研究的区别，然后介绍常用的定性研究方法，最后介绍如何学习研究方法。第2章讨论如何选题，包括选题的来源和选题注意事项两个部分。第3章介绍如何设计研究，包括组内设计、组间设计、混合设计等内容。

第二部分包括第4—14章，涵盖应用语言学研究常用的统计方法。第4章讨论统计学的基础知识，主要介绍统计学基础概念、常用描述性统计和如何选择推断性统计方法。该章是后续章节内容的基础。第5章旨在介绍统计软件SPSS的基本界面和如何进行描述性统计；第6章通过讨论计算标准分来介绍如何在SPSS中进行基本的数据转换。通过第5章和第6章的学习，读者将会对SPSS有基本的了解和感性认识。

卡方检验是应用语言学研究常用的非参数性统计方法，第7章详细介绍了卡方检验的方法。

第8章至第11章介绍如何统计平均数差异。第8章介绍T检验，包括独立样本T检验、配对T检验、单样本T检验等内容。第9章至第11章分别讨论如何将方差分析用于组间设计、组内设计、混合设计的平均数差异检验。方差分析看似简单，实则涵盖内容丰富，其中涉

应用语言学研究设计与统计

简单效应和简单简单效应等相关内容可能是方差分析的难点。方差分析在应用语言学研究领域中使用非常广泛,本书有较大篇幅详细介绍方差分析概念和方法。

第 12 章介绍相关分析,包括连续变量、定序变量、分类变量间的相关分析等内容。第 13 章和第 14 章分别讨论如何进行回归分析和探索性因子分析。此二章分别通过实例,将回归分析和探索性因子分析的基本概念和参数检验融入到操作方法中进行介绍。

第 2 章 如何选题

本章主要包括两个部分,一是介绍选题来源,二是介绍选题注意事项。

2.1 选题来源

研究的第一步是选题。选题的好坏决定了研究的成败。选题主要有如下几个方面的来源。

2.1.1 在外语教学或学习实践中发现选题

比如,某外语教师发现,同一个教学班级,有的学生学得好,有的学得不好,为什么?外语学习成败是否有年龄、性别、智力、学习动机(不同类型的动机、动机强度)、学习策略、学习风格、家庭背景(家庭经济状况、父母学历、有条件出国学习)等因素的影响?

2.1.2 在文献中发现选题

通过大量阅读国内外相关文献,特别是国际期刊近年发表的论文,了解相关研究动态,并从中发现选题。另外,论文文献的讨论或末尾部分,一般都有 Limitations of the Study 或者 Suggestions for Future Research 等内容,该部分内容一般都指出了该研究的局限性,或给出了今后研究的建议。我们可以从该部分内容中发现研究选题,比如,针对前人提出的研究不足或局限性,进行改进,重新设计研究方案进行研究。

我们在查看论文时,可以先阅读其标题和摘要。阅读标题和摘要后,如果对该研究感兴趣,可以再进一步阅读全文。另外,如果对某研究主题(Topic)感兴趣,也可进一步就该主题检索国内外相关文献,以确定该主题的研究进展。比如,首先,查看 CNKI 期刊网,以确认国内相关研究进展,国内是否有此主题的相关研究。如果国内无人做过此主题研究或尚有局限性,则可进一步查看国外文献,尽量穷尽国外相关文献,仔细阅读文献,找出可进一步研究的方向,并确定研究方案。如果国内有人做过相关研究,则可仔细阅读国内相关文献,确认是否可以更换相关变量,以进一步深入研究该主题;同时,进一步查看国外文献,尽量穷尽国外相关文献,仔细阅读文献,确定研究方案。

关于国内文献,可多阅读 CSSCI 索引期刊中语言学相关的期刊。可通过 CNKI 期刊库查找和阅读国内期刊论文,也可通过 CNKI 和万方硕博学位论文库查找和阅读国内相关硕博毕业论文。关于国际文献,可多阅读 SSCI 和 A&HCI 索引期刊中的应用语言学等领域的期刊。国外的主要期刊论文数据库有 Elsevier、Wiley-Blackwell、Sage、OUP、CUP、John Benjamins、EBSCO 等期刊数据库,国外硕博论文库有 ProQuest 数据库等。

我们可以整理出上述国外数据库的重要期刊,也可以整理自己研究方向的重要期刊,并经常阅读相关期刊。比如,上述国外数据库收录的重要英语语言学期刊如下。

Elsevier 数据库:*Assessing Writing*,*Brain and Language*,*English for Specific Purposes*,*Journal of English for Academic Purposes*,*Journal of Memory and Language*,*Journal of Pragmatics*,*Journal of Second Language Writing*,*Lingua*,*System* 等;

Wiley-Blackwell 数据:*International Journal of Applied Linguistics*,*Journal of Sociolinguistics*,*Language and Linguistics Compass*,*Language Learning*,*Mind & Language*,*The Modern Language Journal*,*World Englishes* 等;

Sage 数据库:*International Journal of Bilingualism*,*Journal of English Linguistics*,*Language Teaching Research*,*Language Testing*,*RELC Journal*,*Second Language Research* 等;

OUP 期刊数据库:*Applied Linguistics*,*ELT Journal*,*International Journal of Lexicography*,*Literary and Linguistic Computing* 等;

CUP 期刊数据库:*Annual Review of Applied Linguistics*,*Applied Psycholinguistics*,*Bilingualism: Language and Cognition*,*English Language and Linguistics*,*English Today*,*Journal of Child Language*,*Language Teaching*,*ReCALL*,*Studies in Second Language Acquisition* 等;

John Benjamins 数据库:*Babel*,*International Journal of Corpus Linguistics*,*Interpreting*,*Linguistic Approaches to Bilingualism*,*The Mental Lexicon*,*Translation and Interpreting Studies* 等;

亚洲应用语言学期刊:*Asian Journal of TEFL*,*Asian EFL Journal*,*Hong Kong Journal of Applied Linguistics*,*Asian Journal of English Language Teaching*,*RELC Journal*,*Chinese Journal of Applied Linguistics* 等;

语料库语言学相关期刊:*International Journal of Corpus Linguistics*,*Corpus Linguistics and Linguistic Theory*,*ICAME Journal*,*Corpora* 等;

翻译研究期刊:*Babel: International Journal of Translation*,*Equivalences*,*Machine Translation*,*Meta: Translators' Journal*,*Perspectives: Studies in Translatology*,*Target: International Journal of Translation Studies*,*Translation and Literature*,*Translation Review*,*The Translator: Studies in Intercultural Communication*,*The Interpreter and Translator Trainer*,*Translation Quarterly*,*Translation and Interpreting Studies* 等。

另外,也可通过学术搜索引擎来查找相关文献,以了解和阅读相关学术动态。比如,使用谷歌学术(http://scholar.google.com)、微软学术(http://academic.research.microsoft.com/)、Web of Science/Web of Knowledge(http://www.webofknowledge.com/)等学术搜

索引擎来检索文献以了解最新研究动态。图 2.1 是在 Web of Science/Web of Knowledge 搜索引擎中检索 motivation in language learning 时返回的结果。

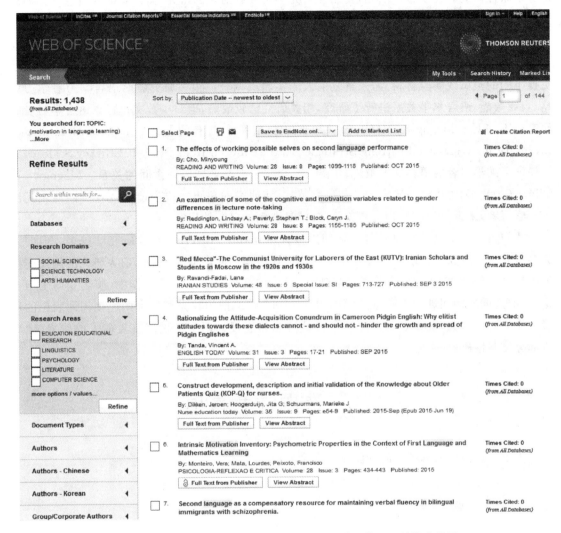

图 2.1　Web of Science/Web of Knowledge 搜索引擎返回的检索结果

2.1.3　复制前人的研究

所有研究都是在前人研究的基础上进行的,所谓"站在巨人的肩膀上",或弥补前人研究的局限或不足,或进一步推进前人的研究。复制性研究(Replication Research)指为了检验某项前人研究的结果是否可信或可推广而重复该研究。复制性研究可分为完全复制性(Exact Replication)或部分复制性(Approximate or Partial Replication)研究。顾名思义,完全复制性研究是精确、完整地复制前人的相关研究,比如使用与前人研究完全相同的被试、相同的实验过程或调查工具等。囿于研究条件的限制,对于类似应用语言学这样的人文社会科学领域,完全复制性研究很难实现,比如很难找到与前人研究完全相同的被试等。部分复制性研究是部分采用前人相关研究的研究工具等来复制前人的研究。应用语言学领域的复制性研究大多是部分复制性研究。需要指出的是,复制性研究不是抄袭前人的研究,而是对前人研究某方面局限的弥补或推进。关于复制性研究的详细论述,读者可以参考 Porte(2012)[①]。

复制性研究对于研究选题具有很大启示意义,对于初学研究者来说,尝试重复先前研究是不错的选题思路。我们可以尝试复制自己感兴趣话题的研究,如尝试更换研究中的某个变量、更换不同的被试或实验材料等,来重复前人的实验或调查。很多研究者对语言学习者学习策略、自我效能、语言水平关系进行了研究,相关研究已较成熟,但对少数文化背景语言学习者的研究还不多见。Magogwe & Oliver (2007)[②]利用两个已有的量表(the Oxford Strategies Inventory for Language Learning Strategies 和 the Morgan-Jinks Student Efficacy Scale)研究了博茨瓦纳学习者的语言学习策略、年龄、语言水平、自我效能等因素间的关系。Magogwe & Oliver(2007)利用成熟的研究工具和研究范式,将研究对象更换成先前研究较少的博茨瓦纳语言学习者,来重复先前的相关调查研究,就是典型的复制性研究。

我们再看一个例子。前人对于副词连接词(Linking Adverbials)的研究已较多。但前人大多研究本科或高中二语学习者写作中的副词连接词的使用情况;另外,前人研究的副词连接词也较少。Lei(2012)[③]在前人研究基础上,对中国高级英语学习者写作中(硕士和博士毕业论文)的副词连接词进行研究,且使用了 Liu(2008)[④]编撰的较完整的副词连接词列表中的连接词作为研究对象。Lei(2012)更换了被试群体和连接词两个变量来重复前人的研究,也属于部分复制性研究。

2.2 选题注意事项

本小节我们讨论选题中需要注意的几个事项。

2.2.1 研究意义

在做某项研究之前,可能首先需要考虑的是该研究是否有意义,包括该研究是否有理论意义或教学意义等。比如,徐锦芬、彭仁忠、吴卫平(2004)[⑤]对非英语专业大学英语学习者的自主性学习能力进行了调查,该研究已被国内相关文献引用1300余次。也就是说,国内对于非

[①] Porte G. 2012. *Replication Research in Applied Linguistics*[M]. Cambridge:Cambridge University Press.

[②] Magogwe J M, Oliver R. 2007. The Relationship between Language Learning Strategies, Proficiency, Age and Self-Efficacy Beliefs:A Study of Language Learners in Botswana[J]. *System*,35(3):338-352.

[③] Lei L. 2012. Linking Adverbials in Academic Writing on Applied Linguistics by Chinese Doctoral Students[J]. *Journal of English for Academic Purposes*,11(3):267-275.

[④] Liu D. 2008. Linking Adverbials:An Across-Register Corpus Study and Its Implications[J]. *International Journal of Corpus Linguistics*,13(4):491-518.

[⑤] 徐锦芬,彭仁忠,吴卫平. 2004. 非英语专业大学生自主性英语学习能力调查与分析[J]. 外语教学与研究,36(1):64-68.

英语专业大学英语学习者的自主性学习能力的研究已经非常多,其研究结果亦趋成熟。如果没有重大创新,而仅仅只是重复该研究,则无论从理论还是教学实践来说,都意义不大。

2.2.2 可操作性

选题还需要考虑研究的可操作性。

第一,研究被试的可操作性。比如,某选题需要大量以德语为母语的英语学习者作为被试,则需要考虑是否可以在国内找到大量符合要求的被试。

第二,研究工具的可操作性。比如,某选题旨在研究大脑认知活动,需要使用脑电图(EEG)、事件相关电位(ERP)或核磁共振(NMR)等研究工具,则需要考虑是否能获取相关实验工具以及实验成本等问题。

第三,研究时间的可操作性。如某硕士生选题旨在研究儿童英语学习的词汇发展问题。该选题以个案研究为方法,需历时跟踪数个儿童被试2~3年时间。此选题需首要考虑时间的可操作性问题:硕士生学习年限大多为2~3年时间,如果历时研究选题的数据搜集时间太长,则可能不具可操作性。

第四,研究工作量的可操作性。选题时还需要考虑工作量的大小问题。如果工作量太小,可能达不到硕士或博士毕业论文的工作量要求;如果工作量太大,则可能过于费时费力而不可完成。比如,一项关于小学英语课堂教学方法或教师课堂用语的研究选题,需要搜集上百小时的上课录像,并进行录像转写和文本分析。前期的录像工作需要联系小学和教师,往返小学及录像,后期要进行录像转写和数据分析等,工作量巨大,可能几乎不可完成。

第五,研究问题的可操作性。选题的研究问题宜小不宜大,研究问题需小而具体,以保证其可操作性。比如,某选题为"中国大学生英语写作研究",该选题则过大。可明确为小而具体的系列问题,如研究大学生学术写作中的语法、词汇或搭配问题。

2.3 练 习

(1)查看与你的研究方向相关的五本中文期刊近5年的目录,了解大致研究动态。你是否可以发现国内近年该研究方向的热点研究问题?

(2)查看与你的研究方向相关的五本国际英文期刊近5年的目录,了解大致研究动态。你是否可以发现国际上近年该研究方向的热点研究问题?

(3)找出某个近年的热点课题,搜索该热点问题的论文。仔细阅读其中的引言、研究问题和研究方法,简要阅读结果部分。

(4)基于上述第3个问题,对比其中五篇论文,分析这五篇论文,并思考:1)这五项研究对于该热点研究问题的视角是否不同?2)提出的研究问题是否不同?3)采用的方法是否不同(被试、研究工具/材料、研究过程等等)?4)结果是否不同?5)你对这五项研究有何批评?6)就该问题我们还可进一步做哪些研究?

第3章
研究设计

应用语言学领域往往需要进行实验或调查,以对某问题进行研究。实验或调查前,需要对实验或调查进行缜密的设计,以保证研究的信度和效度。本章讨论如何进行研究设计,主要包括单因素实验设计和多因素设计两个部分。本章最后讨论研究的信度和效度问题。

3.1 研究设计前需明确的几个问题

研究设计前,我们需要明确如下几个方面的问题(Seliger & Shohamy,1989)[①]。

3.1.1 被试的类型和样本量

在应用语言学实验或调查中,被试(Subjects)大多指的是参加实验的学生或调查的对象。比如,我们需要研究中国大学英语学习者的动机类型对其英语学习成绩的影响,我们调查了200名某大学的学生,这200名学生即为被试。

研究设计前,至少需考虑被试的类型和样本量两个问题。比如,上述研究的被试属于大学生,我们可进一步考虑,这些大学生来源于哪些学校?这些学校的学生是否可代表中国大学英语学习者群体?是一年级还是二年级或其他年级的学生?他们的年龄、性别、学习英语的年限等是否分布合理?另外,关于样本量问题。样本量或参加研究的被试人数,取决于研究者掌握的被试资源、研究问题、统计需要等因素。一般来说,实证研究的最小样本量为30,如果需要做因子分析等数据处理,样本量至少为100。

3.1.2 自变量和因变量

实验或调查前还需明确研究的自变量、因变量有哪些。自变量(Independent Variable)指影响其他变量的变量,或者说,使得其他变量产生变化的变量。因变量(Dependent Variable)指受其他变量影响的变量,或者说,因变量是由于自变量的影响而产生变化的变量。如上述所言,我们需要研究中国大学英语学习者的动机类型对其英语学习成绩的影响,则动机类型为自

---

① Seliger H W, Shohamy E. 1989. *Second Language Research Methods*[M]. Oxford: Oxford University Press.

变量,英语学习成绩为因变量,英语学习者的动机类型(自变量)可能对其英语学习成绩(因变量)造成影响,或者说,英语学习成绩(因变量)可能受到动机类型(自变量)的影响而产生变化。

我们在实验或调查前,需要明确自变量和因变量的数量。应用语言学领域,某一项研究往往只包含一个因变量。另外,由于对某因变量的影响因素较多,如除动机类型外,年龄、学习策略、动机强度等其他因素都可能对学习成绩造成影响,因此,应用语言学的一项研究可能会有一个或多个自变量。当然,我们不可能在某个研究中解决所有相关问题,因此,研究的自变量数量也不宜过多。

我们在实验或调查前,还需要明确该研究包含哪些自变量和因变量。比如我们研究影响英语学习成绩的因素,英语学习成绩为因变量,我们可以控制一个因变量(如英语学习的动机类型),也可以控制多个因变量(如动机类型、动机强度、学习策略等)。

3.1.3 搜集数据和分析数据

实验或调查前我们还需要考虑如何搜集数据。比如,该研究是一项实验研究,则可能考虑实验前后对某项变量(如外语学习水平等)进行测量。又如,该研究是一项问卷调查,则需要考虑问卷调查如何实施,如问卷调查实施的时间、场所、时长等因素。

另外,我们还需要考虑如何分析数据。比如,如果是定量研究,则需要考虑采用哪种统计方法来对数据进行统计。本书后续章节将会详细讨论如何选择统计方法及如何进行统计。又如,如果是定性研究的方法,则要考虑如何对数据进行定性分析。

3.2 组内设计、组间设计、混合设计

研究设计大致可分为组内设计、组间设计和混合设计。

组内设计指的是研究只有一组被试,所有研究都在这一组被试内完成。比如,我们拟研究两种词汇记忆方法(死记硬背法和儿歌记忆法)中哪种更能促进少儿记忆英语单词。我们选择了一组30名初学英语的少儿作为实验被试。第一次实验我们选择了10个单词让被试通过死记硬背法来记忆,并进行第一次测试;第二次实验,我们选择了难度相当的另外10个单词,编成儿歌让被试记忆,并进行第二次测试。我们对两次测量的成绩进行了统计分析,发现第二次测试的成绩显著高于第一次测试的成绩。结果表明,儿歌记忆法比起死记硬背法更能促进少儿记忆英语单词。此研究设计中,两种记忆方法为自变量,少儿记忆单词的测量成绩为因变量。由于自变量记忆方法有两种,因此,我们将两种记忆方法称作自变量的两个水平(Level)。由于在同一组被试内重复进行了两次实验和测量,同一组被试接受了自变量两个水平的处理(Treatment),所以,该研究设计可称作重复测量(Repeated Measure)或组内设计。组内设计的自变量称作组内变量。

组间设计指的是研究有两组或多组被试。比如,我们拟研究 A 教学方法和 B 教学方法,哪种教学方法更有效。我们拟在二个班级(甲班和乙班)做一个学期的教学实验,甲班使用 A 方法,乙班使用 B 方法。实验前,我们对甲班和乙班学生被试进行第一次英语水平测试(前

测,Pre-Test),发现他们的英语水平没有显著差异。在一个学期教学实验后,又进行了第二次英语水平测试(后测,Post-Test),结果显示,乙班的成绩显著高于甲班的成绩,说明 B 教学方法比 A 教学方法更有效。此研究设计中,学生成绩为因变量,教学方法为自变量。由于教学方法有两个,所以我们将 A 教学方法和 B 教学方法称之为自变量教学方法的两个水平。上述研究设计为典型的组间设计,两个班级各接受一个自变量水平的处理。组间设计的自变量称作组间变量。

从上述分析可见,组内设计和组间设计的一个重要区别是,组内设计只有一组被试,该组被试接受自变量所有水平的处理;与之对应,组间设计有两组或多组被试,每组被试只接受自变量一个水平的处理。

组内设计和组间设计各有优劣。组内设计可以避免多组被试的组间差异,将组间差异对因变量的影响降到最低。然而,如果自变量数量或自变量水平数量过多,则可能造成重复处理和测量的次数过多,可能引起操作不便,或造成霍桑效应(Hawthorne Effect)[①]、累积处理效应(Accumulative Treatment Effect)、练习效应(Practice Effect)等。组间设计可以避免由于在同一组被试群体多次进行实验处理或测试而产生的霍桑效应、累积处理效应、练习效应。但由于多组被试参与实验或测量,多组间被试的差异可能会对因变量产生意想不到的影响。另外,组间效应需要的被试量远远大于组内设计,囿于研究条件的限制,有些研究可能邀请不到大量被试参加。

假设某研究设计包含多个自变量,每个自变量有多个水平。比如,我们有 A 和 B 两个自变量,A 自变量有 A1 和 A2 两个水平,B 自变量有 B1、B2 和 B3 三个水平,则共有 A1-B1、A1-B2、A1-B3、A2-B1、A2-B2、A2-B3 六种处理方式。如果使用组内设计,则同一组被试需要接受六次处理,则很有可能会产生练习效应等问题;如果使用组间设计,可能囿于实验条件找不到六组被试,六组被试的组间差异也可能比较大,会对实验结果产生影响。这时,我们可以考虑使用混合设计。

混合设计混合了组内设计和组间设计的方法,将某个或多个变量控制为组内变量,而将其他变量控制为组间变量。上述研究中,我们可以将 A 变量控制成组内变量,将 B 变量控制成组间变量,由于 B 变量有三个水平,所以我们只需要三组被试,分别进行 A1-B1 和 A2-B1、A1-B2 和 A2-B2、A1-B3 和 A2-B3 两次处理。反之,我们也可以将 B 变量控制成组内变量,将 A 变量控制成组间变量,由于 A 变量有两个水平,所以我们只需要两组被试,分别接受 A1-B1、A1-B2、A1-B3 以及 A2-B1、A2-B2、A2-B3 三次处理。从上面的例子可见,混合设计比起组内设计,减少了同组被试接受处理的次数;比起组间设计,减少了所需被试的人数,且降低了组间差异对因变量产生负面影响的可能性。

我们将在下面两个小节通过研究示例和实例具体讨论组内设计、组间设计和混合设计。

[①] 霍桑效应指由于被试知道他们在参加某项研究,从而产生异于常态的反应。

3.3　一个自变量的研究设计

如果研究只有一个自变量,我们可以采用组内设计或组间设计。

3.3.1　一个自变量的组内设计

一个自变量的组内设计(One Independent Variable within-Group Design)又称作单因素组内设计(One Factor within-Group Design),这里的"单因素"就是"一个自变量",即一组被试接受该自变量所有水平的处理。

比如前文(3.2小节)所述的研究两种词汇记忆方法对少儿记忆英语单词影响的例子中,我们只控制了一个自变量,即词汇记忆方法,该自变量包含两个水平(死记硬背法和儿歌记忆法),这一组少儿被试接受自变量的两个水平的处理,即进行了两次记忆法训练。因此,该研究设计为典型的单因素组内设计。

3.3.2　一个自变量的组间设计

一个自变量的组间设计(One Independent Variable between-Group Design)又称作单因素组间设计(One Factor between-Group Design),这里的"单因素"也是指"一个自变量"。该自变量有多少个水平,我们就需要有多少组被试,每组被试只接受一个水平的处理。组间设计又称作完全随机设计。我们看下面的例子。

鲁忠义和熊伟(2003)[①]研究了语境对于汉语句子阅读的影响。该研究实验一采用单因素完全随机实验设计,控制了一个自变量,即语境条件;一个因变量,即被试阅读的反应时。自变量控制了三个水平,分别为:N(中性语境)、P(句法关系保持的适合性语境)、A(句法关系改变后的语境)。研究结果表明,语境条件的效应显著,P 与 N、A 与 N 语境反应时差异显著,而 P 与 A 语境反应时之间差异不显著。

3.4　多个自变量的研究设计

如果研究有多个自变量,我们可以采用组内设计、组间设计或混合设计。下面我们先看一个假设的实验例子,然后分别就这个例子进行组内设计、组间设计或混合设计。

假设我们要研究阅读对学生附带习得词汇的影响。我们要求学生阅读一些文章。在阅读文章前,我们不告知学生阅读完成后需要测试生词,也不要求学生记忆生词。阅读完成后,我们进行生词测试,看学生是否掌握了生词,在哪种实验条件下掌握的生词更多。我们控制的因

[①]　鲁忠义,熊伟.2003.汉语句子阅读理解中的语境效应[J].心理学报,35(6):726-733.

变量是附带习得的词汇量。我们假设阅读中有两个因素对词汇附带习得有影响:生词的注释方式和阅读文章的难度,也就是说,我们控制两个自变量,分别为生词注释方式和阅读文章的难度。

关于生词注释方法,我们设计两种注释方式:边注和尾注。也就是说,自变量生词注释方式有两个水平:边注和尾注。关于文章难度,我们设计文章难度有三种:较易、适中、较难。也就是说,自变量文章难度控制了三个水平。

因此,我们的实验是一个 2×3 设计(Two by Three Design or 2×3 Design),即第一个自变量有 2 个水平,第二个自变量有 3 个水平。也就是说,实验需要对被试进行 6 次处理,即边注-较易、尾注-较易、边注-适中、尾注-适中、边注-较难、尾注-较难。

关于实验材料。根据上述实验设计,我们需要准备实验所用文章 2×3=6 种,即如下 6 种文章:边注-较易、尾注-较易、边注-适中、尾注-适中、边注-较难、尾注-较难。如果我们将每种文章准备 2 篇,这样就共有 12 篇文章。如果我们设置每篇文章中有 10 个生词,这样就共有 120 个生词。

3.4.1 组内设计

如前所述,组内设计只需要一组被试,但这组被试需要接受自变量所有水平的处理。

上述阅读对学生附带习得词汇影响的例子中,如果我们进行组内设计,则可以选择一组被试参加实验,他们要接受所有的实验处理。也就是说,这一组被试中的所有人要阅读 6 种文章共 12 篇文章。这种设计方案只用了一组被试,来观察不同处理方式对词汇习得量的影响,是一个组内设计。因此,我们可以说这是一个 2×3 组内设计(Within-Group Design)或者说 2×3 被试内设计(Within-Subject Design)。两个因素都是组内因素。

由于所有被试均需接受 6 次实验处理,即需要阅读 6 种 12 篇文章,并期望能附带习得 120 个生词,这样的实验设计可能带来的问题是,重复处理或测量的次数过多,且被试的记忆负担重,因此组内设计可能并不是该实验设计的最佳方案。

下面我们来看一个组内设计研究实例。Eckerth & Tavakoli(2012)[①]是一项关于阅读对于词汇附带习得影响的研究。该研究控制了三个自变量:Task-Induced Involvement Load(3 个水平)、Exposure Frequency(2 个水平)、Time of Measurement(2 个水平)。因此,我们可以说,该研究是一项 3×2×2 的组内设计。

我们再看一个实例。田宏杰、闫国利、白学军(2009)[②]研究中文双字词在心理词典中的表征。该研究实验 1 控制了 3 个自变量,各有 2 个水平。因变量是反应时。自变量 1 为词频,2 个水平为高频和低频;自变量 2 为首字字频,2 个水平为高频和低频;自变量 3 为尾字字频,也控制了高频和低频 2 个水平。该研究为一个 2×2×2 组内设计,即一组被试需要接受 8 次试验处理。

---

① Eckerth J, Tavakoli P. 2012. The Effects of Word Exposure Frequency and Elaboration of Word Processing on Incidental L2 Vocabulary Acquisition through Reading[J]. *Language Teaching Research*, 16(2):227-252.

② 田宏杰,闫国利,白学军. 2009. 中文双字词在心理词典中的通达表征[J]. 心理科学,32(6):1302-1305.

3.4.2 组间设计

上述阅读对学生附带习得词汇影响的例子中,如果考虑到学生一次性读12篇文章且需要附带习得120个生词,难度太大,可能会产生疲劳效应,我们可以采用6组被试来参加实验,每组被试只接受一种实验处理。也就是说,6组被试中的每个人只阅读2篇文章,只需附带习得20个单词。这就是一个2×3组间设计或者说2×3被试间设计。两个因素都是组间因素。

下面我们来看一个组间设计研究实例。鲁忠义、熊伟(2003)实验2和实验3都采用了组间设计。其中,实验2为2×2组间设计,即实验2控制了两个自变量,各有2个水平。自变量1为句法关系,它的两个水平分别为P(句法关系保持)和A(句法关系改变),自变量2为语境干扰强度,它的两个水平分别为L(低干扰语境)和H(高干扰语境)。因变量是反应时。从上述实验设计可见,该实验共有4种实验处理方式:P-L、P-H、A-L、A-H。实验需要有4组被试,分别接受上述4种实验处理。

3.4.3 混合设计

上述阅读对学生附带习得词汇影响的例子中,假设受实验条件限制,我们只有3组被试,这样我们可以采用混合设计,即将有3个水平的自变量文章难度控制成组间变量,将另一个自变量注释方式控制成组内变量,每组被试接受两种实验处理。具体实验设计如下:

A组较易组:边注-较易,尾注-较易;
B组适中组:边注-适中,尾注-适中;
C组较难组:边注-较难,尾注-较难。

这时,每个同学要阅读2种注释方式×2篇(共4篇)文章,需要记忆40个单词。

因此,这是一个2×3混合设计,文章注释方式为组内因素,文章难度为组间因素。

假设我们只有2组被试,也采用混合设计,即将有2个水平的自变量注释方式控制成组间变量,将另一个自变量文章难度控制成组内变量,每组被试接受三种实验处理。具体实验设计如下:

A组边注组:边注-较易,边注-适中,边注-较难;
B组尾注组:尾注-较易,尾注-适中,尾注-较难。

这时,每个同学要阅读3种难度×2篇(共6篇)文章,需要记忆60个单词。

因此,这也是一个2×3混合设计,文章难度为组内因素,文章注释方式为组间因素。

下面我们看一个混合设计研究实例。朱朝霞等(2009)[①]研究了拼音输入法经验对汉字字形和语音加工的影响。实验采用2×2混合设计,即控制两个自变量,分别为打字熟练程度和试验任务。其中,打字熟练程度为组间变量,分为熟练和非熟练2个水平;试验任务为组内变量,分为判断实验材料中汉字的读音是否包含声母"b"或韵母"an"两个任务。也就是说,该研究需要两组被试,熟练组被试和非熟练组被试均需接受两次判断试验任务的实验处理。研

---

① 朱朝霞,刘丽,丁国盛,等.2009.拼音输入法经验对汉字字形和语音加工的影响[J].心理学报,41(9):785-792.

结果显示,拼音输入法经验对汉字的语音加工产生影响,输入法经验丰富的被试对汉字的语音加工优于输入法经验缺乏的被试,且声母的加工要快于韵母的加工。

3.5 研究的信度和效度

本小节我们首先讨论研究的信度和效度问题,然后讨论影响研究效度的几个因素。

3.5.1 信度

信度(Reliability)又称作研究的一致性(Consistency),是指研究对同一组对象进行重复测量时,其结果是否一致。信度反映了研究结果是否可信。信度分析的常用具体方法有重测信度、分半信度、α 信度等。

比如,我们设计了某份语言测试试卷,如果我们将该试卷在相隔一周时间内对同一组被试进行了两次测量,观察两次测量结果是否一致,即可检验该试卷是否可信或可靠。我们将之称作重测信度(Retest Reliability)。

我们也可计算试卷的内部一致性信度,如分半信度(Split-Half Reliability)和 α 信度(Alpha Reliability)等。比如,我们将试卷的试题对半分成两份试卷,并且一组被试分别完成两份试卷,来计算试卷的分半信度。另外,我们也可以计算试卷的 α 信度。我们将在 14.3 小节具体说明如何计算 α 信度。

3.5.2 效度

效度(Validity)指研究结果是否有效或准确,或者说,研究是否可以准确地测量所需测量的事物。比如,我们使用某份试卷来测量学生的英语水平,该试卷的效度大致指该试卷是否能够准确地测量出学生的英语水平。

某项测量工具可能具有很高的信度,但效度可能不够理想。也就是说,该测量工具通过重复测量或分半测量,其结果很稳定,结果具有很高的一致性,然后测量的结果并不一定准确。比如,我们使用某试卷测量学生的英语水平,可能经过多次测量,其结果差异不大,表明该试卷的信度较高;但是,该试卷可能效度并不理想,即虽然其重复测量的一致性很高,但每次测量的结果都不一定准确。从以上分析可见,从某种意义上来说,效度显得比信度更重要,其原因在于,即使重复测量的一致性很高,如果其测量的结果并不准确,其高一致性也意义不大。

效度可大致分为内部效度(Internal Validity)和外部效度(External Validity)。内部效度又称作结构效度或构念效度,主要指测量工具内部的有效性,它是否可以准确地测量所需测量的事物。外部效度指研究结果是否可以普遍适用于研究以外的场景。比如,如果我们说大学英语四、六级考试具有较高的内部效度和外部效度,这里的内部效度指四、六级考试能够较准确地测量出考生的英语水平;外部效度可能指四、六级考分高的考生在今后的职业或薪酬等方面比考分低的考生发展得要好,也就是说,四、六级考试在测试以外的场景中也有较高有效性。

在应用语言学领域,我们通常所说的效度,主要是指内部效度。

3.5.3 影响研究效度的因素

很多因素可能都会影响研究的效度,因此,我们在做研究设计时,需缜密考虑,在控制好自变量的同时,尽量排除其他因素对研究结果的影响。

(1) 被试因素。被试的语言水平、性别、年龄、家庭背景等因素都有可能对研究结果造成影响。比如,研究学生外语发音问题时,考察女生是否比男生的英语发音更准确,我们在考虑性别因素以外,可能还要考虑年龄、受教育时间、是否有国外学习或生活经历等变量对语音的影响,在依据性别分组时,需考虑上述因素的匹配。又如,被试样本量也会影响研究结果。如果样本量偏少,个体对于整体造成的影响就越大。如分析学生成绩时,可能大多数学生是70~80分,而某个学生成绩40分,某个学生成绩95分,那么这两个学生的成绩对整体的影响就非常大。

(2) 样本的代表性问题。我们需要考虑样本是否能够代表所有期望研究的被试群体。比如研究中国大学生英语写作中的某种语言现象,如果只选取某个班级30名学生的某次考试作文作为研究样本,其代表性则有待商榷。因此,我们在选取样本时,可能需要考虑学生的所在学校、水平、年级、专业等因素,尽量选取足够大的可以代表中国大学生的写作样本来研究。

(3) 不可控因素对因变量的影响。我们需要考虑并尽量排除研究中不可控因素对于因变量的影响。比如研究课外阅读对词汇附带习得的影响时,我们可能会给学生布置课外阅读任务,并进行词汇量的前测和后测。这里要注意的是,如何保证词汇是真正附带习得的而不是学生刻意习得的,他们在阅读的同时是否会习惯性地查字典了解词义并刻意学习词汇。

(4) 实验过程中的因素。实验处理的时间需适宜,应有足够时间,但也不宜太长。同时,历时研究中,由于研究过程较长,需要考虑被试是否合作和配合研究;样本量较少时,需要考虑研究过程中有可能缺失被试,比如由于被试辍学、转学等而没有继续参加研究。另外,针对儿童被试的历时研究,在实验过程中儿童的心智、语言能力等各方面都会逐渐成熟,如何控制这些非语言因素对因变量的影响也是我们需要考虑的问题。

3.6 练 习

3.6.1 课外阅读

下面我们列举典型的组内、组间、混合设计的研究论文。请读者阅读这些论文,特别注意各项研究的研究目的/问题和研究方法部分。

1) 单因素组内设计

柳燕梅,江新.2003.欧美学生汉字学习方法的实验研究[J].世界汉语教学(1):59-67.

李红,李于南.2007.多媒体单词注释模式对英语新词词义学习和记忆的影响[J].外语与外语教学(12):8-11.

沈德立,等.2010.词切分对初学者句子阅读影响的眼动研究[J].心理学报,42(2):159-172.(实验 1 和 2:单因素组内设计;实验 3 为 2×4 混合设计)

2)多因素组内设计

田宏杰,闫国利,白学军.2009.中文双字词在心理词典中的通达表征[J].心理科学,32(6):1302-1305.(实验 2 为多因素组内设计)

3)多因素组间设计

董燕萍,周彩庆.2003.多义熟词的理解性和产出性词汇知识的习得[J].解放军外国语学院学报,26(6):49-52.

4)混合设计

蔡任栋,董燕萍.2010.汉语话题化结构空位的心理现实性研究[J].现代外语,33(1):64-71.

周爱保,等.2004.汉语儿童英语语音特征内隐与外显学习的比较研究[J].心理科学,27(1):120-123.

周治金,陈永明,陈烜之.2003.汉语歧义句的消解过程[J].心理学报,26(6):976-978.

3.6.2 实验设计

(1)请设计一个语言习得相关的单因素组内研究。请说明因变量、自变量及其水平,并说明具体实验过程。

(2)请设计一个语言习得相关的单因素组间研究(2×2 设计)。请说明因变量、自变量及其水平、需要被试的组数,并说明具体实验过程。

(3)请设计一个语言习得相关的 2 因素组内研究(2×2 设计)。请说明因变量、自变量及其水平,并说明具体实验过程。

(4)请设计一个语言习得相关的 3 因素组间研究(2×3×2 设计)。请说明因变量、自变量及其水平、需要被试的组数,并说明具体实验过程。

(5)请设计一个语言习得相关的 3 因素混合研究(2×2×3 设计)。请说明因变量、自变量及其水平、需要被试的组数、哪个是组内变量、哪个是组间变量,并说明具体实验过程。

第 4 章
统计学基础

本章我们首先讨论统计学的基本概念,然后介绍描述性统计和推断性统计,最后介绍如何选取推断性统计方法。本章将为后续章节具体讨论如何做统计分析打下基础。

4.1 统计学基本概念

本小节我们讨论统计学的几组基本概念。

4.1.1 变量的计量尺度或数据类型

我们在 3.1 小节讨论了自变量和因变量。本小节我们讨论变量的计量尺度问题。变量的计量尺度(Levels of Measurement of Variables)指在对变量进行量化计量时所采用的标准。比如,将学生的考试成绩进行量化时,采用百分制或五分制,即采用百分或五分尺度为标准来计量学生的成绩。

根据变量的计量尺度不同,我们可以大致将变量分为连续变量(Continuous Variable)和分类变量(Categorical Variable)。连续变量往往包含一个较广或较大范围的数据计量尺度,比如将学生成绩以百分制计量,则学生成绩为连续变量。又如,将被试对真假词判断的反应时以 200~480 毫秒来计量,反应时变量也为连续变量。连续变量又称作定距型数据(Interval Scale)。连续变量或定距型数据的数值是可比的,比如成绩 80 分低于成绩 90 分。

分类变量又称作定类型数据(Nominal Scale),即按变量的数据类型进行定性分类。比如,将性别变量分成男性和女性,将学校分成重点院校和普通院校两种。分类变量与连续变量的一个不同之处是,分类变量的数值是不可比的,比如我们用 1 代表男生,用 2 代表女性,但这里的 1 和 2 并不可比。

介于连续变量和分类变量之间还有定序型数据(Ordinal Scale)。比如,将学生考试成绩分成 A,B,C,D 四档,则是定序型数据。定序型数据的数值与连续变量的数值一样是可比的,但没有连续变量数值的计量尺度大(将学生成绩按 100 分来计量显然比按 A,B,C,D 四档来计量的尺度更大)。因此,根据数据类型或者研究需要,可将定序型数据看做连续变量或分类变量。

综上所述,我们可以简单将变量分成连续变量或分类变量。在研究设计之初或收集数据前,我们就应该清楚所收集的各个变量的数据类型,因为变量的数据类型决定了我们在对数据进行统计分析时将选择哪种统计方法。

4.1.2 单因素数据、双因素数据、多因素数据

在数据统计分析之前往往需要考虑研究变量的数目。当研究只控制一个变量时,则研究处理的是单因素数据(Univariate Data);当研究控制两个变量时,研究处理的是双因素数据(Bivariate Data);当研究控制两个或以上变量时,研究处理的是多因素数据(Multivariate Data)。

4.1.3 研究预设

在进行研究和统计分析时,我们可能会有如下预设(Hidden Assumptions)(Larson-Hall,2010:41-43)[①]:

(1)根据前人研究或逻辑推理,研究者在研究前即有一个研究假设;

(2)研究者需在研究中说明被试的基本信息(如年龄、性别、一语、二语水平等)和测量的描述性统计信息(如平均值、标准差等);

(3)研究者需报告统计结果的 p 值,并确认研究结果是否具有显著统计意义;

(4)如果结果具有显著统计意义,研究者可认为研究假设正确,并说明研究发现的意义;如果结果不具有显著统计意义,研究者需说明或解释今后可研究哪些因素。

4.1.4 研究假设

研究时,我们会根据相关理论、前人研究发现或逻辑推理,对研究做假设(Hypothesis)。我们可以做零假设(Null Hypothesis)或者备择假设(Alternative Hypothesis)。

比如,我们想比较两种教材 A 和 B 的效果。经过两个班四个学期的使用,我们通过对比两个班学生的学习成绩,来比较两种教材的效果。我们可以做如下零假设:

零假设

H_0:A 班和 B 班的成绩没有差异

H_0:教材 A 和教材 B 的效果没有差异

也可以做如下备择假设:

[①] Larson-Hall J. 2010. *A Guide to Doing Statistics in Second Language Research Using SPSS*[M]. New York: Routledge.

> **备择假设 1**
> H_a:A 班的成绩比 B 班的成绩好
> H_a:教材 A 的效果比教材 B 的效果好

> **备择假设 2**
> H_a:B 班的成绩比 A 班的成绩好
> H_a:教材 B 的效果比教材 A 的效果好

如果通过统计分析,我们拒绝了零假设,则会接受某个备择假设。

4.1.5 全体与样本

全体(Population)是所有被试的整体,如要研究中国大学生英语四、六级作文中屈折变化的缺失情况,则所有中国大学生的所有四、六级作文应该是全体。我们在做此项研究时,不可能也没有必要搜集所有中国大学生的所有四、六级作文。

通常,我们会采用随机抽样(Random Sampling)方法随机抽取一些样本(Sample),作为研究对象。这时,我们默认随机抽取的样本代表了所有中国大学生的所有四、六级作文。所以,随机抽样时,抽取的样本应具有代表性。

随机抽样时,可按比例分层随机抽样(Proportional Stratified Random Sampling),即先将全体被试进行分层,如分为大学1—4年级、硕士生、博士生等6个层级,然后确定拟抽取样本在各层级中的比例,最后再随机抽取。也可不按比例仅分层随机抽样(Nonproportional Stratified Random Sampling)。

另外,也可采取便利抽样(Convenience Sampling)方法来抽取样本。在研究实践中,囿于研究条件的限制,往往无法分层随机抽样。研究者可采用现有的、可能使用的被试资源来进行研究,如研究者某学期讲授两个教学班的大学英语课程,采用这两个班级的学生作为研究被试,即为便利抽样。

4.2 描述性统计和推断性统计

假设我们有 A 班和 B 班两个教学班,每班各10个同学,他们参加了某项英语水平测试。他们的测试成绩如表4.1(见例1.1数据)。我们计算了两个班的平均分,分别为 A 班78.70分,B 班75.90分。我们能否判断 A 班的成绩比 B 班好?

如前所述,A 班和 B 班是某个被试全体的样本,如果我们仅凭两个班的平均分来做出判断,则犯错概率非常大。也就是说,如果我们要做出判断,不能仅依靠类似平均分这样的描述性统计数据,而需要借助推断性统计的方法来做判断。

表 4.1　A 班和 B 班某项英语水平测试成绩

A 班	B 班
87.00	88.00
52.00	86.00
85.00	75.00
78.00	76.00
94.00	92.00
90.00	50.00
68.00	72.00
80.00	62.00
80.00	68.00
73.00	90.00

描述性统计(Descriptive Statistics)仅仅对某个样本的情况做出事实描述,但并不能根据描述性统计数据做出推断性的判断,比如根据平均分来判断孰优孰劣。我们在撰写研究报告时,需要给出一些描述性统计数据,但需要根据推断性统计来做判断。

我们可以根据推断性统计(Inferential Statistics)结果做出判断,并认为研究中的样本对于被试全体具有代表性,我们做出的推断是安全的,犯错的概率属于统计学的安全范围,比如,$p<.05$,则推断性判断犯错的概率小于 5%。

在上述 A 班和 B 班测试成绩的例子中,我们将上述两个班成绩作推断性统计(Mann-Whitney U Test),结果见表 4.2 和表 4.3。统计结果显示,$p=.596$(我们将在 4.4 小节对 p 值的意义做详细讨论)。如果我们认为两个班的成绩有差异,则犯错的概率约为 59.6%。由于犯错概率太大,不在统计学的可接受范围内,因此我们认为两个班的成绩没有差异,两个班的平均分差异可能是由于抽样的误差导致的。

表 4.2　A 班和 B 班测试成绩的描述性统计结果

	N	Range	Minimum	Maximum	Sum	Mean	Std. Deviation
VAR00001	10	42.00	52.00	94.00	787.00	78.7000	12.17511
VAR00002	10	42.00	50.00	92.00	759.00	75.9000	13.53555

表 4.3　A 班和 B 班测试成绩的推断性统计结果

Mann-Whitney U	43.000
Wilcoxon W	98.000
Z	−.530
Asymp. Sig. (2-tailed)	.596
Exact Sig.[2 * (1-tailed Sig.)]	.631[a]

4.3 常见的描述性统计

本小节我们介绍常见的描述性统计度量。

4.3.1 频次、最大值、最小值、总和

我们最常见到的描述性统计度量有频次（Frequency）、最小值（Minimum）、最大值（Maximum）、总和（Sum）等。频次是某数值等出现的次数，如某次考试中，得满分 100 分的同学有 2 人，则其频次为 2。最小值和最大值是某数列的最小和最大的值，如 0 至 100 分的数列，0 为最小值，100 为最大值。总和是某数列所有值的简单相加，如 0 至 100 分数列的总和为 5050。

4.3.2 趋中和离散趋势的度量

其他常见的描述性统计度量可大致分为趋中趋势的度量（Measures of Central Tendency）和离散趋势的度量（Measures of Variability/Dispersion）。

趋中趋势的度量代表某数列趋中的趋势，包括平均数（Mean）、中位数（Median）和众数（Mode）等。假设我们有数列 1、2、3、3、3、4、5。平均数指某数列的总和除以数列数值个数，如上述数列的平均数为 3。中位数指将数列按从小到大顺序排列后，居于最中间位置的数值，如上述数列的中位数为第二个 3。众数指某数列中出现频次最大的数值，如上述数列中 3 出现了三次，是该数列的众数。

离散趋势的度量代表某数列的变异性或离散趋势，包括全程（Range）、方差（Variance）、标准差或均方差（Standard Deviation 或 S.D.）等。全程指某数列最大值减去最小值得到的数值，如上述数列中 5 减去 1 等于 4，所以其全程为 4。方差同时考虑数列的平均值和数列数值的个数，其计算公式为：

$$s^2 = \frac{(x_1 - M)^2 + (x_2 - M)^2 + (x_3 - M)^2 + \cdots + (x_n - M)^2}{n}$$

其中，x_1 至 x_n 为数列的数值，M 为数列的平均值，n 为数列数值的个数。上述数列的方差为 1.67。

我们也可以使用标准差或均方差来表示数列中数值的离散程度。标准差或均方差的值为方差的开平方值。上述数列的方差为 1.29。

4.4 统计值、自由度、p 值

在汇报推断性统计分析结果时，我们往往需要汇报统计值、自由度和 p 值。过去在没有

使用计算机软件辅助进行统计分析时,首先手工计算统计值和自由度,然后通过查数学表,得到 p 值。现在我们大多使用计算机软件来辅助进行统计分析,相关软件可以直接计算出统计值、自由度和 p 值,不用再查数学表。但为了尊重传统,我们撰写研究报告时,依然依次汇报统计值、自由度和 p 值。

进行推断性统计时,我们会得到某种推断性统计的结果值,如进行卡方检验(Chi-Squared Test)时,我们会得到一个卡方值(Chi-Squared Value 或 χ^2 Value);比较平均数差异时,如果使用 T 检验(T Test),则会得到一个 t 值,如果使用方差分析,则会得到一个 F 值,等等(后续章节我们会详细讨论具体的统计方法)。

自由度(Degrees of Freedom,df)指数据组中不受其他数据限制的自由数据或变量的个数。比如,我们有如下 2×2 列联表(表 4.4)。

表 4.4　自由度示例 1

3	8	
5		
		20

假设该列联表的 4 个表格中,我们已知其中 3 个数值(3、5、8),并已知 4 个数值的总和,则我们可以计算出剩下的另一个表格的数值(如表 4.5)。我们就可以说,该情境下的自由度为 1。如前所述,计算机统计软件可以在汇报其他统计结果信息时同时汇报自由度,所以自由度已没有实际意义;我们只是尊重传统,才在撰写研究报告时,依然汇报自由度。

表 4.5　自由度示例 2

3	8	11
5	4	9
8	12	20

研究报告汇报统计结果时,最后汇报的是 p 值。简单来说,p 值是通过推断性统计结果做出判断并推翻零假设的犯错概率。p 值的范围是从无限小至 1。在应用语言学研究中,一般我们将统计结果显著性的 p 值设定为.05。也就是说,如果 $p<.05$,我们则可推翻零假设,其犯错的概率小于 5%。

比如,某研究的汇报结果为 $F(2,70)=36.28,p<.001$。由于汇报的是 F 值,所以我们可以猜测该研究使用了方差分析。F 值为 36.28,自由度为(2,70),p 值为 0.001,说明根据该结果推翻零假设的概率为 0.1%。由于 p 值小于 0.05,我们认为该结果具有统计学的显著意义。

4.5　如何选择推断性统计方法

4.5.1　参数性统计和非参数性统计

前文讨论的推断性统计,可分为参数性统计(Parametric Statistics)和非参数性统计(Non-

Parametric Statistics)。参数性统计需要假设数据是正态分布的(Normally Distributed),如果数据不是正态分布的,则需要使用非参数性统计方法。在应用语言学领域,如果样本量大于30,则认为数据是正态分布的,可以使用参数性统计方法。如果样本量小于30,则认为数据可能不是正态分布的,这时,就需要使用非参数性统计方法。另外,几乎每一种参数性统计方法都有其对应的非参数性统计方法,也几乎都可以在统计软件 SPSS 中实现。

4.5.2 选择统计方法需注意的问题

在选择适当的推断性统计方法之前,需要注意如下几个问题:

(1)数据是否满足正态分布要求。如果数据满足正态分布要求,选择参数性检验;如果数据不能满足正态分布要求,选择非参数性检验。

(2)研究目的。是研究数据间的差异(T 检验、方差分析)?还是研究变量间的相关关系(相关分析)?抑或研究变量间的因果关系(回归分析)?

(3)变量相关问题。研究涉及多少自变量和因变量?各变量数据类型是什么(连续变量/分类变量、定距数据/定序数据/分类数据)?变量有多少水平(Level)?

(4)如果是比较数据间的差异,需要考虑是组间设计还是组内设计。

(5)如果是组间设计,共有多少组被试或数据?如果是组内设计,共进行了多少次重复测量?

在明确了上述问题后,我们就可以选择相应的统计方法对数据进行统计分析了。下面三个小节,我们分别从比较数据差异、相关分析、回归分析三个方面来阐述如何选择具体的统计方法。

4.5.3 比较数据差异

参数性检验

- 如果变量都是连续变量,组间设计,研究组间差异,可以选择独立样本 T 检验 (Independent-Samples T Test,2 组被试)或者单因素方差分析(One-Way ANOVA,3 组或以上被试)。
- 如果变量都是连续变量,组内设计,并且同一组被试进行了多次测量,称作重复测量。如果重复测量了 2 次,可以选择配对样本 T 检验(Paired-Samples T Test),如果重复测量了 3 次或以上,可以选择 GLM Repeated Measure (ANOVA)。
- 如果变量都是连续变量,混合设计,可以选择 GLM Repeated Measure (ANOVA)。

非参数性检验

- 如果变量是定序数据(Ordinal Measure),组间设计,研究组间差异,可以选择 Mann-Whitney U(2 组被试)或者 Kruskal-Wallis(3 组或以上被试)。
- 如果变量是定序数据(Ordinal Measure),组内设计,如果重复测量了 2 次,可以选择 Wilconxon,如果重复测量了 3 次或以上,可以选择 Friedman。
- 如果变量是分类变量,研究组间或者组内差异,可以选择卡方检验(Chi-Squared)。

比较数据间差异的常用统计方法见表 4.6。

表 4.6 比较数据间差异的常用统计方法

组间设计、组内设计或混合设计	分组数目或重复测量次数	变量类型	参数性检验	非参数性检验
组间	2 组	连续	Independent-Samples T Test	
组间	3 组或以上	连续	One-Way ANOVA *	
组间	2 组	定序		Mann-Whitney U
组间	3 组或以上	定序		Kruskal-Wallis
组间	3 组或以上	分类		Log Linear
组内	2 次	连续	Paired-Samples T Test	
组内	3 次或以上	连续	GLM Repeated Measures（ANOVA）**	
组内	2 次	定序		Wilconxon
组内	3 次或以上	定序		Friedman
混合	2 组或以上 2 次或以上	连续	GLM Repeated Measures（ANOVA）**	
组内或组间	2 组或以上 2 次或以上	分类		Chi-Squared

* 如果是 3 组或以上被试，组间设计，一个因变量，一个或多个自变量，且是连续变量，除了 ANOVA，还可选择 ANCOVA；如果是 3 组或以上被试，组间设计，多个因变量，多个自变量，且是连续变量，可以选择 Multivariate MANOVA 或者 MANCOVA。

** 如果是 3 组或以上被试，组内或混合设计，多个因变量，多个自变量，且是连续变量，则需选择 Multivariate MANOVA with Repeated Measures。

4.5.4 相关分析

参数检验

- 如果研究两个或多个连续变量的相关关系，可以选择皮尔逊相关分析（Pearson's Correlation）

非参数检验

- 如果变量是定序数据（Ordinal Measure），研究它们之间的相关关系，可以选择 Kendall Tau 或者 Spearman (Rho)。
- 如果一个变量是分类变量（Nominal Measure），另一个是分类或连续变量，研究它们之间的相关关系，可以选择 Eta。
- 如果两个或多个变量都是分类变量，研究它们之间的相关关系，可以选择 Phi 或者 Cramer's V。

相关分析的常用统计方法见表 4.7。

表 4.7 相关分析常用统计方法

变 量 类 型	参 数 检 验	非参数检验
连续	Pearson（r）	
定序		Kendall Tau 或 Spearman（Rho）
一个是分类变量；另一个是定序或连续变量		Eta
分类		Phi 或 Cramer's V

4.5.5 回归分析

> • 如果研究两个连续变量间的因果关系：一个因变量，一个自变量，可以选择 Linear Regression；一个因变量，多个自变量，可以选择 Multiple Regression。

回归分析的常用统计方法见表 4.8。

表 4.8 回归分析常用统计方法

因变量数目及类型	自变量数目及类型	统 计 方 法
1 个，连续	1 个，连续	Linear Regression
1 个，连续	多个，连续或分类	Multiple Regression
1 个，分类	多个，都是连续变量	Discriminant Analysis
1 个，分类	多个，既有连续变量也有分类变量	Logistic Regression

4.6 练 习

下面是选自国内外已发表论文的统计结果。请阅读这些统计结果，并思考它们分别使用了什么统计方法？统计值是多少？自由度是多少？p 值是多少？统计结果是否具有统计学意义？

例1

> However, a main effect of prior exposure was found between the "new" and "old" items. "Old" items took 58 ms less to classify than "new" items, and this difference was significant, $F1(1,14)=23.20, p<.05$; $F2(1,60)=51.91, p<.05$. There was also a significant difference in error rate between these two types of items, $F1(1,14)=8.24, p<.05; F2(1,60)=6.62, p<.05$.
>
> Two separate subanalyses were carried out for the "old" and "new" items. Neither produced any significant difference in RTs due to the type of prime: for "old" words, $F1(1,14)=3.82, p>.05; F2(1,30)=1.38, p>.05$, and for "new" words, both Fs <1. The same was true for differences in error rates (all Fs <1).
>
> (Jiang N, Forster K. 2001. Cross-Language Priming Asymmetries in Lexical Decision and Episodic Recognition[J]. *Journal of Memory and Language*, 44(1):32-51.)

例2

> The Chi-Square Test shows that the lexical categories "proper name" and "common noun" deviate significantly ($p<0.001$) from the corpus norm(*'s/of*=25.6%/74.4%).
>
> (Kreyer R. 2003. Genitive and Of-Construction in Modern Written English: Processability and Human Involvement[J]. *International Journal of Corpus Linguistics*, 8(2):169-207.)

例3

Table 3　Idiom and non-idiom responses (n=56)

Response	Mean	sd
Idioms	7.6	2.98
Non idioms	6.1	3.64
Difference	$t=1.8$	
	$p=.07$	

Table 4A　Idiom responses in each idiom type (maximum per idiom type=5)

	1st year (n=39)		2nd/3rd year (n=17)	
	Mean	sd	Mean	sd
Exact translation	2.43	1.05	2.94	1.03
Partial translation	0.87	0.73	1.71	1.49
L1 different idiom	2.15	1.16	3	1.06
L1 non idiom	1.47	1.10	1.59	1.06
F value	27.68, $p<.0001$		10.24, $p<.001$	

It was found that avoidance of idioms occurred only in type 2-partial translations (paired $t=13.89, p< .0001$ for 1st year students and paired $t=2.20, p<.05$ for 2nd year students) and in type 4-non idioms in L1 (paired $t=5.91, p<.0001$ for 1st year learners and $t=3.53, p<.005$ for 2nd year students).

(Laufer B. 2000. Avoidance of Idioms in a Second Language: The Effect of L1-L2 Degree of Similarity [J]. *Studia Linguistica*, 54(2):186-196.)

例 4

为了考察填充语的启动效应,我们进行了目标词类型×位置二因素方差分析。结果显示:目标词类型主效应,被试分析非常显著,$F1(1,40)=8.697, p=.005<.05$,项目分析接近显著,$F2(1,19)=3.925, p=.062$;位置主效应,被试分析显著,$F1(1,40)=6.912, p=.012<.05$,项目分析不显著,$F2(1,19)=2.777, p=.112>.05$;目标词类型×位置双重交互作用不显著,$F1(1,40)=2.086, p=.156>.05$,$F2(1,19)=1.618, p=.219>.05$。

(蔡任栋,董燕萍.2010.汉语话题化结构空位的心理现实性研究[J].现代外语,33(1):64-71.)

例 5

如表3所示,各语料库中均出现了各种类型的BE省略,并且助动词BE和非限定性BE的省略比例均分别高于系动词BE和限定性BE。卡方检验表明HK-BUIL C中助动词BE和系动词BE省略频率之间存在显著差异($\chi^2=4.955, p=.026<.05$),但是ST3和ST4中未发现显著差异;三个语料库中非限定性BE和限定性BE省略频率之间都存在显著差异(χ^2值分别为170.890, 118.929, 76.235, p值都为$.000<.001$)。

(张妍岩.2010.英语中介语BE动词省略与"体假设"[J].外语教学与研究,42(2):117-127.)

第 5 章
SPSS 快速入门

Statistical Product and Service Solutions(SPSS)是社会科学领域著名的统计软件,它也可以满足几乎所有应用语言学研究中常用的数据统计需求,因此在应用语言学领域也应用广泛。SPSS 有 MS Windows 和 Mac OS 等版本,可以在基于 MS Windows 或 Mac OS 系统的机器上使用。近年来,SPSS 版本升级迅速,但其基本操作方法没有太大变化,应用语言学研究所需统计分析的操作方法也基本相同。所以,本书仍以 SPSS 17 为例,讨论应用语言学研究常用的统计分析方法。本书讨论的内容和方法完全适用于 SPSS 其他版本。

本章旨在帮助读者大致了解 SPSS 界面、数据输入、基本操作方法。我们首先介绍 SPSS 的界面、数据输入等基本问题,然后讨论数据输入的实践技巧,最后以对数据进行描述性统计分析为例,介绍 SPSS 的基本操作方法。

5.1 在 SPSS 中输入数据及变量相关设置

安装好 SPSS 软件后,首次运行时,会出现一个选择界面,要求选择:What would you like to do? 如图 5.1:

请选择 Type in data,并选择左下角的 Don't show this dialog in the future 方框,然后点击 OK,即可进入下面的界面(图 5.2):

SPSS 输入数据的界面和 Excel 软件的界面类似,中间的空白方格可输入数据。空白方格上方有 var 字样,表示 SPSS 中每一列表示一个变量。空白方格左边有 1、2、3…字样,表示 SPSS 中每一行表示一个变量的一个个案数据(Case)。

空白方格界面的左下角有 Data View 和 Variable View 两个按钮。Data View 界面是查看输入的数据界面,而 Variable View 界面是设置变量相关信息的界面。目前我们是在 Data View 界面下,所以 Data View 呈高亮黄色。

假设我们有 20 名同学(男女生各 10 名)参加了某项考试,他们的学号(ID)、性别(Gender)和成绩(Score)如表 5.1。我们需要比较男生和女生成绩是否有显著差异。Gender 中,我们输入 1 代表男生,输入 2 代表女生。当然,我们也可以直接在方格中输入字符串 Male 或 Female。请将下面的数据输入空白方格中。只输入数字,ID、Gender 和 Score 等暂时不用输入。(见数据 2.1)

SPSS Statistics 17.0
What would you like to do?
Run the tutorial
Type in data
Run an existing query
Create new query using Database Wizard
Open an existing data source
More Files...
Open another type of file
More Files...
Don't show this dialog in the future
OK
Cancel

图 5.1

Untitled1 [DataSet0] - SPSS Statistics Data Editor
File Edit View Data Transform Analyze Graphs Utilities Add-ons Window Help
Visible: 0 of 0 Variables
var
Data View
Variable View
SPSS Statistics Processor is ready

图 5.2

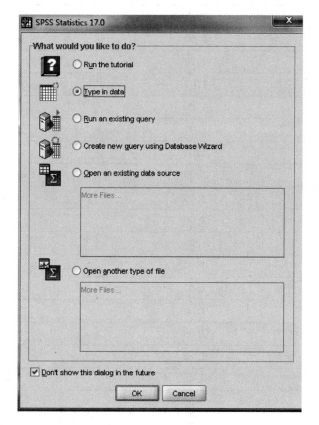

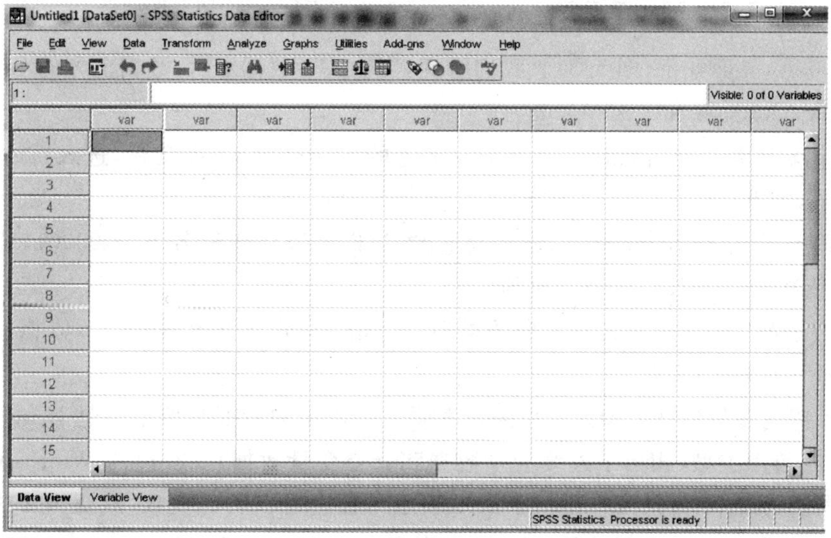

表 5.1 实验数据

ID	Gender	Score
1.00	1.00	90.00
2.00	2.00	52.00
3.00	1.00	88.00
4.00	1.00	59.00
5.00	2.00	90.00
6.00	2.00	78.00
7.00	1.00	68.00
8.00	2.00	78.00
9.00	2.00	89.00
10.00	1.00	92.00
11.00	1.00	74.00
12.00	2.00	75.00
13.00	2.00	88.00
14.00	1.00	96.00
15.00	1.00	85.00
16.00	2.00	68.00
17.00	2.00	78.00
18.00	2.00	74.00
19.00	1.00	82.00
20.00	1.00	83.00

输入完成后，界面如下(图5.3)。我们看到，当输入了数据之后，数据上方的 var 将变成了 VAR00001，VAR00002 和 VAR00003。

下面我们对变量信息进行设置。点击左下方的 Variable View 按钮，进入 Variable View 界面(图5.4)，如下：

VAR00001 上方有 Name 标签，表示变量名，我们可以将变量名 VAR00001，VAR00002，VAR00003 依次修改为 ID，Gender 和 Score。

Name 右边的 Type 标签表示数据的类型。点击 Type 下方的 Numeric 方格右端的省略号，可进入如下界面(图5.5)：

SPSS 可接受多种数据类型。应用语言学研究中常用的数据类型主要是 Numeric 数字类型和 String 字符串类型(相当于连续变量数据和分类变量数据)。右边的 Width 表示数据显示的宽度，默认为 8 个字符。Decimal Places 表示小数点后保留的位数，默认为 2 位数。我们在此例中输入的都是数字类型，所以三种变量的数据类型都选择 Numeric。如前所述，如果我们在输入 Gender 时不是输入的 1(代表男生)和 2(代表女生)，而是直接输入字符串 Male 和 Female，则我们在 Gender 变量的数据类型中可以选择 String。然后点击 OK 退出。

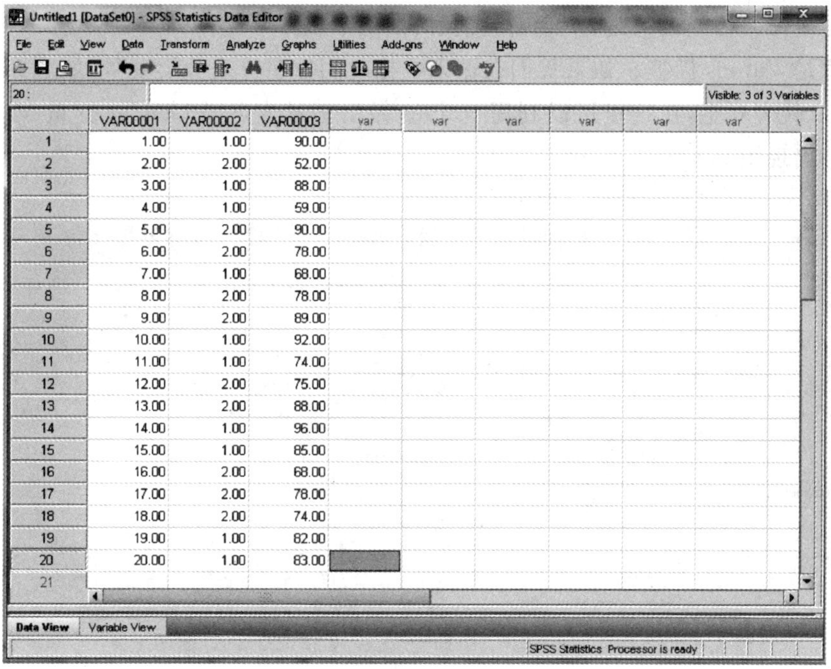
Untitled1 [DataSet0] - SPSS Statistics Data Editor
File Edit View Data Transform Analyze Graphs Utilities Add-ons Window Help
20 :
Visible: 3 of 3 Variables
VAR00001 VAR00002 VAR00003 var var var var var var
1 1.00 1.00 90.00
2 2.00 2.00 52.00
3 3.00 1.00 88.00
4 4.00 1.00 59.00
5 5.00 2.00 90.00
6 6.00 2.00 78.00
7 7.00 1.00 68.00
8 8.00 2.00 78.00
9 9.00 2.00 89.00
10 10.00 1.00 92.00
11 11.00 1.00 74.00
12 12.00 2.00 75.00
13 13.00 2.00 88.00
14 14.00 1.00 96.00
15 15.00 1.00 85.00
16 16.00 2.00 68.00
17 17.00 2.00 78.00
18 18.00 2.00 74.00
19 19.00 1.00 82.00
20 20.00 1.00 83.00
21
Data View
Variable View
SPSS Statistics Processor is ready

图 5.3

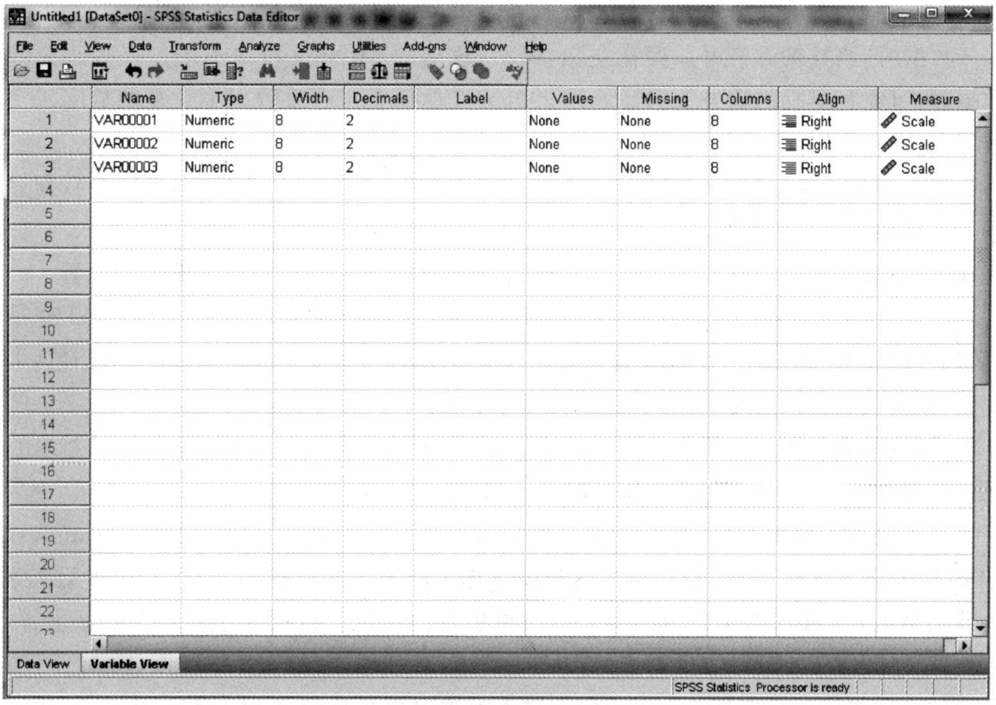
Untitled1 [DataSet0] - SPSS Statistics Data Editor
File Edit View Data Transform Analyze Graphs Utilities Add-ons Window Help
Name Type Width Decimals Label Values Missing Columns Align Measure
1 VAR00001 Numeric 8 2 None None 8 Right Scale
2 VAR00002 Numeric 8 2 None None 8 Right Scale
3 VAR00003 Numeric 8 2 None None 8 Right Scale
Data View
Variable View
SPSS Statistics Processor is ready

图 5.4

Label 标签下可以输入一些信息，为变量做进一步的注释，为研究者分析数据做一些提示。如果变量命名已经很清楚，不会引起误解，则可不填。

再右边是 Values 标签。如果我们在输入数据时用数字代表分类变量，如上面我们用 1 代表男生，用 2 代表女生，在这里可以利用 Values 做出标示。点击 Gender 变量 Values 列下面的 None，会出现图 5.6：

 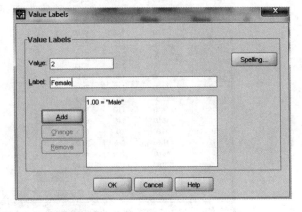

图 5.5　　　　　　　　　　　　　　　图 5.6

在 Value 中输入 1，在 Label 中输入 Male，点击 Add，则 Add 右边的方框中会出现 1.00 = "Male"，然后在 Value 中输入 2，在 Label 中输入 Female，点击 Add。最后点击 OK。

Missing 标签是缺失数据的设置。我们在搜集数据时，可能某个或某些数据缺失。我们在输入数据时，该数据方格可以留作空白，那么，这里的 Missing 可以不填。有些研究者在输入数据时，习惯将所有的缺失数据输入为 999（或其他任意与有效数据不重复的数字）。那么，这里就在 Missing 中输入 999。

Columns 是设置数据显示界面下的行距，一般可以不用设置。当然，也可以在数据显示界面下手动拖动行来设置行距。

Align 是数据显示界面下数据的对齐方式，缺省为右对齐（Right），一般不用设置。

最后的 Measure 可设置数据为 Scale (Interval)变量、Nominal 变量或 Ordinal 变量。这里，我们可以将 ID 和 Score 变量设置为 Scale，将 Gender 变量设置为 Nominal。（当然，大多数情况下，如果我们不设置此项，也不会影响统计结果。）

然后，我们点击左下角的 Data View，返回到 Data View 界面，可以看到数据上方的变量名已经变成了我们设置的变量名（ID，Gender 和 Score）。如图 5.7。

我们依次点击菜单栏中的 Analyze—Nonparametric Test—2 Independent Samples，会出现如下界面（图 5.8）。我们可以看到，这里缺省选定的统计方法是 Mann-Whitney U 检验。

我们将 Score 移入 Test Variable List 方框中，将 Gender 移入 Grouping Variable 方框中，再点击 Grouping Variable 方框下方的 Define Groups 按钮，会出现如下界面（图 5.9），要求定义两个独立样本的分组信息。由于我们在输入数据时将男生定义为 1，将女生定义为 2，所以我们在 Group 1 和 Group 2 中分别输入 1 和 2，然后点击 Continue 返回。最后，点击图 5.8 中的 OK，SPSS 会自动出现 Output 界面，显示统计结果。

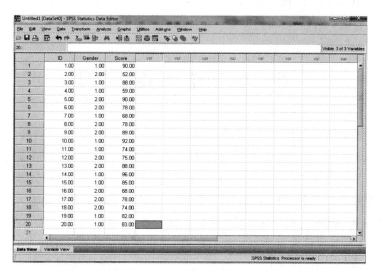

图 5.7

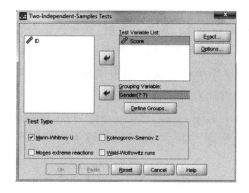

图 5.8

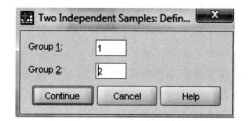

图 5.9

SPSS 的统计结果如表 5.2：

表 5.2 Mann-Whitney U 统计结果

	Score
Mann-Whitney U	37.000
Wilcoxon W	92.000
Z	−.986
Asymp. Sig. (2-tailed)	.324
Exact Sig. [2 * (1-tailed Sig.)]	.353[a]
a. Not corrected for ties.	
b. Grouping Variable: Gender	

可见,Mann-Whitney U 值为 37.000,Asymp. Sig. (2-tailed)是 p 值,为.324,说明男生和女生的成绩没有显著差异。

5.2 数据输入实践技巧

我们建议在搜集研究数据之后,首先将所有数据输入到 Excel 等表格处理软件中,然后再导入到 SPSS 进行统计分析。在上面的例子中,我们搜集到了一个班 20 名同学的某项考试成绩。我们人工给每位同学进行了编号(ID)。注意,在输入数据之前,一定要给每份数据进行人工编号。人工编号可以用简单的 1,2,3...等简单数字编写。在将数据输入电脑时(Excel 或 SPSS),一并将人工编号一块儿输入。这样做的好处是,在我们将数据输入电脑后,如果发现有异常数据,通过人工编号很容易查找到原始档案(如原始试卷或原始问卷),以便重新核对数据。比如由于输入时疏忽,将某同学的成绩输成了 121 分,而成绩满分是 100 分,显然有误。我们可以通过人工编号很容易地核对原始档案数据。

有人会说,输入数据时,可以用学生的学号等作为编号。首先,很多情况下没有学号等信息,比如进行问卷调查时,可能不会要求学生填写学号;其次,即使有学号等信息,由于收取试卷时不是按照学号顺序排序的,所以一旦出现异常数据需要查找原始试卷时,如果被试人数多了,就比较麻烦;最后,在 Excel 中输入人工编号比学号容易得多。学号往往是多位数字,输入比较麻烦,且容易出错。而人工编号按照 1,2,3...顺序编写,在 Excel 中可以自动生成无限大的顺号数字,所以在 Excel 中输入非常容易,且不会出错。方法如下:

在空白的 Excel 表单中,如图 5.10 输入 1 和 2 两个数字。然后选定 1 和 2,将鼠标指向 2 所在方格右下角的小黑方点,这时鼠标就变成了黑十字形。最后,按鼠标左键不放并向下拖动,即可在下面的空格中自动输入 3,4,5...数字。

为什么我们建议首先将数据输入到 Excel 等表格软件中呢?在 Excel 等表格软件中输入数据有如下优势。

(1)如上所述,Excel 中可以方便地输入人工编码;

(2)Excel 中可以利用 Filter 功能很方便地排查异常数据。如上例中的考试成绩,满分为 100 分,我们可以很方便地利用 Filter 功能找到大于 100 的数据。又如,进行 5 点 Likert-Scale 问卷调查,设定输入的数据为 1,2,3,4,5,则可利用 Filter 很容易找到不是 1,2,3,4,5 的数据;

(3)Excel 格式的数据便于数据共享。比如将需要统计的数据传输给没有安装 SPSS 软件的其他研究者,以方便其他研究者人工计算或者利用其他统计软件进行计算。

(4)Excel 可以很方便地导入 SPSS 进行统计。方法如下:

打开空白的 SPSS 文件,依次点击菜单 File—Open—Data,然后在 File name 中选择需要打开的 Excel 文件,在 Files of type 下拉菜单中选择 Excel,最后点击 Open 即可。如果 Excel 文件的第一行已经输入了变量名,则点击 Open 会出现选择菜单——Read variable names from the first row of data,选择 OK,则 SPSS 自动将 Excel 文件的第一行在 SPSS 文件中转换成变量名。

(5)Excel 可以很方便地进行其他数据操作。比如,在输入数据时,初学者可能误将某个

第 5 章 SPSS 快速入门

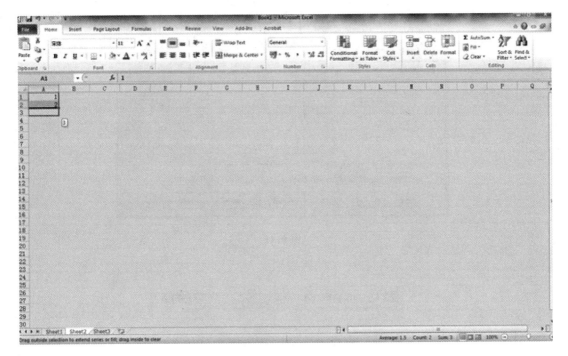

图 5.10

被试的所有变量的个案数据(Cases)输入到一列,或者说,误将某个变量的个案数据输入到一行,这时就需要进行行列的转置,即将行数据转置成列数据,而将列数据转置成行数据。或者,出于其他需要,我们需要进行数据的行列转置。数据的行列转置在 Excel 中很容易实现。方法如下:

a)首先在 Excel 中选定所有需要行列转置的原始数据,点击 Copy。

b)新打开一个 Excel 表单,右击 A1 方格,选择粘贴——选择性粘贴(Paste—Paste Special),然后选择转置(Transpose)。这样就将原始数据的行列进行了转置。

5.3 描述性统计分析

本小节我们以数据 2.1 为例,介绍如何对数据进行描述性统计分析。首先,打开上面的数据。然后,点击菜单 Analyze—Descriptive,则出现以下界面(图 5.11)。将 Score 移入 Variable(s)方框中,说明我们需要对 Score 变量进行描述性统计。

然后点击 Options 按钮,出现以下界面(图 5.12),我们选择 Std. deviation, Variance, Range, Minimum, Maximum 和 S. E. mean。

然后点击 Continue,最后点击 OK,即可得到如下结果(表 5.3)。

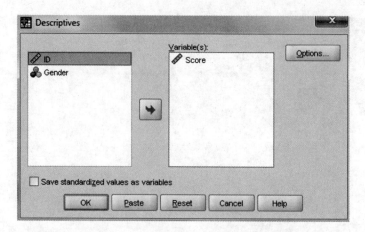

图 5.11

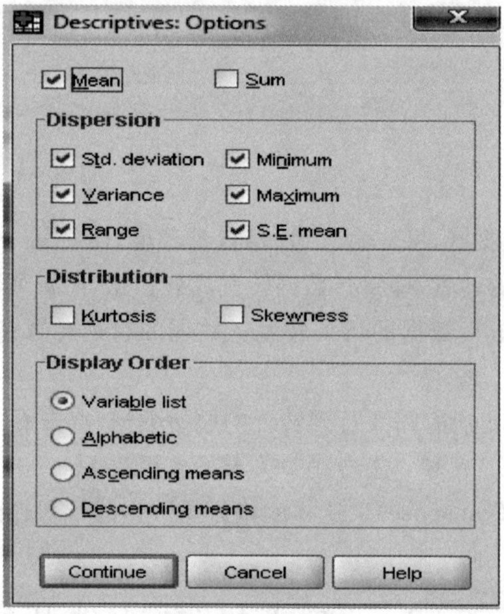

图 5.12

表 5.3

	Descriptive Statistics							
	N	Range	Minimum	Maximum	Mean		Std. Deviation	Variance
	Statistic	Statistic	Statistic	Statistic	Statistic	Std. Error	Statistic	Statistic
Score	20	44.00	52.00	96.00	79.3500	2.54463	11.37992	129.503
Valid N (listwise)	20							

上面表格结果显示,N=20,即我们的样本数是 20。Mean 是平均值,表示数据的趋中程度。这里的平均值是 79.3500。Range 是全程,即最大值减去最小值所得的值,这里是 44.00。Minimum 是最小值,这里是 52.00。Maximum 是最大值,这里是 96.00。Variance 是方差,这里是 129.503。Std. Deviation 是标准差,这里是 11.37992。Std. Error 是标准误,这里是 2.54463。标准误反映了样本均数与总体均数的差异,说明均数抽样误差的大小,也就是抽样误差。

5.4 练 习

(1) 假设你对某班级 30 名同学(男女生各 15 名)进行了某次英语听力测试,满分为 30 分。将这 30 名同学的分数输入 Excel 表格处理软件,然后将数据导入 SPSS 软件。注意,数据需包括学生编号、性别、考试成绩等 3 个变量。

(2) 将上述数据进行描述性统计分析。使用 Mann-Whitney U 方法,分析男女生成绩是否有显著差异。

第6章
计算原始分与标准分

本章介绍如何计算原始分和标准分。本章主要有两个目的,一是帮助读者理解原始分和标准分的区别;二是通过计算标准分,掌握 SPSS 中数据计算的方法。

6.1 正态分布

正态分布(Normal Distribution),又称作高斯分布(Gaussian Distribution),是数据的一种概率分布。正态分布的数据大致为钟形曲线,其高峰位于中部,左右两侧大致对称(如图6.1)。也就是说,服从正态分布的数据,其大多数数据都集中在中间位置,越靠左右两端的数据,其量越少。

从下图中标示的数据可以看出服从正态分布数据的各部分大致比例。图 6.1 中居最中间位置的(0SD)是正态分布数据的平均值。从平均值位置往左和往右 1 个标准差位置(-1SD 和+1SD),数据各占有整个数据量的 34.13%。也就是说,平均值±1 个标准差的数据占有整个数据量的 68.26%。依此类推,从平均值位置到±2 个标准差的数据占有整个数据量的 95.44% (34.13%+34.13%+13.59%+13.59%=95.44%);距平均值±3 个标准差的数据占有整个数据量的 97.72% (95.44%+2.14%+2.14%=97.72%);距平均值±4 个标准差的数据占有整个数据量的 97.98% (97.72%+.13%+.13%=97.98%);居两端的其他数据占有整个数据量剩余的 2.02%。

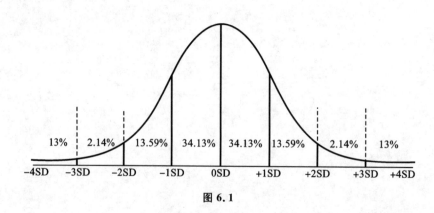

图 6.1

只要数据量足够大,数据的分布应该是服从正态分布的。数据正态分布的规律可以帮助我们理解现实生活和研究中的很多现象。比如,据研究,中国成年男性平均身高为约167厘米,我们可以推测60%~70%的男性身高在165~170厘米,30%多的男性身高在160~165厘米和170~175厘米之间,而只有不到10%的男性身高低于160厘米或高于170厘米。又如,某次大型考试所有分数也大致是正态分布的,60%~70%的分数都集中在平均分±1个标准差的区间。

6.2 原始分与标准分的计算

教师在给学生通报考试成绩时,大多数情况是给学生通报原始分,即考生的卷面分。但是,由于考试每年出题难易度不同,可能导致不同年份的考试分数不可比,这样我们就要将原始分转化成标准分。最简单的计算标准分的方法是将SD值作为标准分。比如,将平均分作为0分,+1 SD作为1分,-1 SD作为-1分。标准分计分的优势在于,我们从标准分可以大致知道考生在所有考生中的位置值。比如,0分表示该考生成绩处于最中间位置,有50%的考生比他考得好,有50%的考生比他考得差;1分表示该考生成绩处于所有考生的前16.87%的位置,他比83.13%的考生考得好。当然,标准分的一个劣势是,绝大多数人习惯了理解卷面分,标准分对于他们来说很费解。比如通报某考生得分为标准分2分(他比97%的考生考得好),可能会被误解成得了很低的分数。

为了更好地解释分数或使得各年的考分具有可比性,也有大型考试以某次考试成绩作为常模(Norm),以后每年所有考分将该常模作为参照系,通报考生的考分在该常模中的位置值。比如,高考有全国常模量表和各省的常模量表;四、六级的分数常模群体由1987年全国若干所重点大学近万名本科生的考分组成。

计算标准分时,首先需要计算出常模均值(常模分数的平均分)和常模标准差(常模分数的标准差)。然后,通过下面的公式将原始分转化为标准分:

$$Z = \frac{X - \text{Mean}}{\text{SD}}$$

其中,Z为标准分,X为原始分(即考生的卷面分),Mean为总体平均分(所有参加该次考试考生的平均分),SD为总体标准差(所有参加该次考试考生的标准差)。

如上所述,标准分表示的是考生成绩在常模中的排序位置。标准分在-1至+1之间。-1表示有100%考生成绩比该生高;0表示有50%考生成绩比该生高,而有50%考生成绩比该生低;1表示有100%考生成绩比该生低。由于标准分有时候会出现0或负数,所以在报告标准分时往往会对标准分进行一些处理。

比如,假设某省高考成绩标准分计算公式为:

$$\text{高考成绩} = Z \times \text{SD} + N$$

SD=100,为常模标准差;N=500,为常模均值。

因此,最终汇报给考生的高考成绩为:

$$\text{高考成绩} = Z \times 100 + 500$$

我们来看下面的例子。某年高考某省的总体平均分为62,总体标准差为10。请将下面一个班30位同学的成绩转换为标准分。(数据:Zscore1.sav)

56	78	70	68	90	55	66	90	79	88
67	48	66	81	87	86	72	76	80	96
56	66	87	75	76	84	86	83	95	92

首先新建 SPSS 文件,将分数输入 SPSS,将变量命名为 Score,如图 6.2 所示。

然后计算 Zscore。点击菜单 Transform-Variable。在弹出的对话框中(图 6.3),将 Score 变量移入 Numeric Expression 下面的空白中,然后利用下方的按钮输入公式:(Score-62)/10。

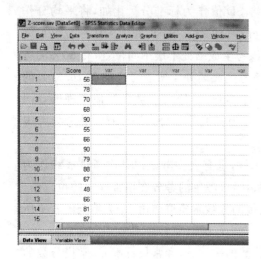

图 6.2

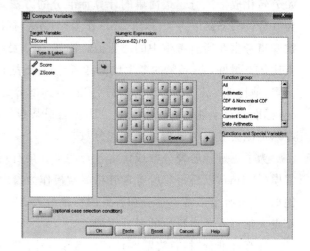

图 6.3

接下来,在 Target Variable 下面的空白中输入 ZScore,即将计算的 Z 分数变量命名为 ZScore。

点击 OK,返回到 Data View 界面。

这时,我们可以看到在 Score 变量右侧生成了新的变量 ZScore,如图 6.4:

下面我们将高考成绩标准分进行转换。方法与上面计算 Z 分数类似。点击菜单 Transform-Variable。在弹出的对话框中,将 ZScore 变量移入 Numeric Expression 下面的空白中,然后利用下方的按钮输入公式:(ZScore * 100)+500。

接下来,在 Target Variable 下面的空白中输入 GaoKaoScore,即将计算的高考标准分变量命名为 GaoKaoScore。点击 OK,返回到 Data View 界面。这样我们就计算出了该班学生高考标准分(图 6.5)。

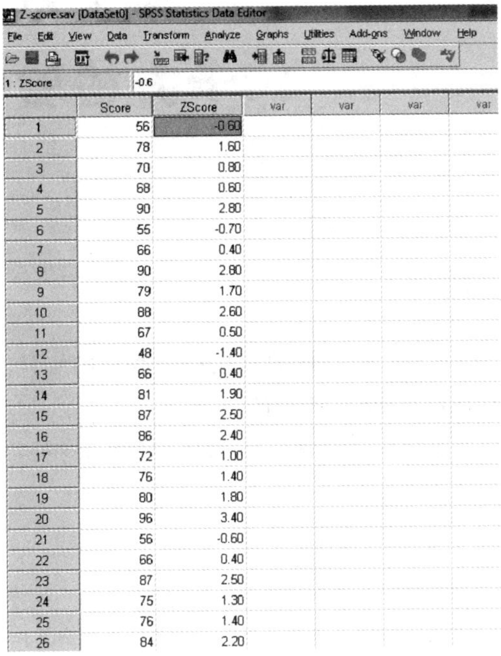

Z-score.sav [DataSet0] - SPSS Statistics Data Editor

1 : ZScore　-0.6

	Score	ZScore	var	var	var	var
1	56	-0.60				
2	78	1.60				
3	70	0.80				
4	68	0.60				
5	90	2.80				
6	55	-0.70				
7	66	0.40				
8	90	2.80				
9	79	1.70				
10	88	2.60				
11	67	0.50				
12	48	-1.40				
13	66	0.40				
14	81	1.90				
15	87	2.50				
16	86	2.40				
17	72	1.00				
18	76	1.40				
19	80	1.80				
20	96	3.40				
21	56	-0.60				
22	66	0.40				
23	87	2.50				
24	75	1.30				
25	76	1.40				
26	84	2.20				

图 6.4

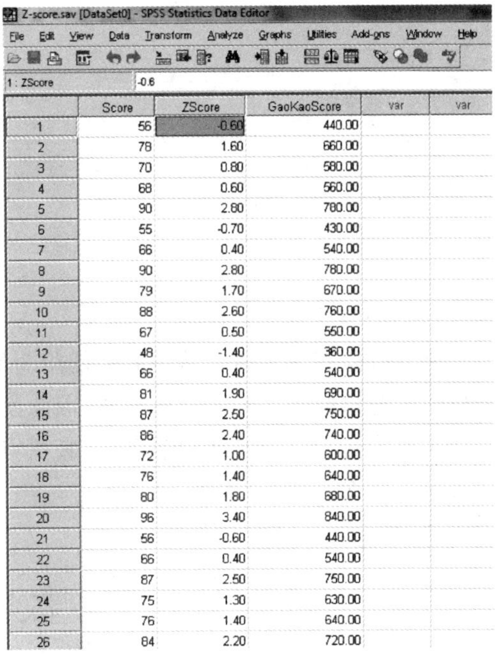

Z-score.sav [DataSet0] - SPSS Statistics Data Editor

1 : ZScore　-0.6

	Score	ZScore	GaoKaoScore	var	var
1	56	-0.60	440.00		
2	78	1.60	660.00		
3	70	0.80	580.00		
4	68	0.60	560.00		
5	90	2.80	780.00		
6	55	-0.70	430.00		
7	66	0.40	540.00		
8	90	2.80	780.00		
9	79	1.70	670.00		
10	88	2.60	760.00		
11	67	0.50	550.00		
12	48	-1.40	360.00		
13	66	0.40	540.00		
14	81	1.90	690.00		
15	87	2.50	750.00		
16	86	2.40	740.00		
17	72	1.00	600.00		
18	76	1.40	640.00		
19	80	1.80	680.00		
20	96	3.40	840.00		
21	56	-0.60	440.00		
22	66	0.40	540.00		
23	87	2.50	750.00		
24	75	1.30	630.00		
25	76	1.40	640.00		
26	84	2.20	720.00		

图 6.5

6.3 练　　习

四、六级的分数常模群体由 1987 年的全国若干所重点大学的近万名本科生组成。四、六级考试的常模总体平均分为 72，总体标准差为 12。大学英语四、六级考试向考生报告常模正态分数，其计算公式为：

$$\text{Score}=\frac{X-\text{Mean}}{\text{SD}}\times 70+500$$

其中，X 为原始分，Mean 为总体均值＝72，SD 为总体标准差＝12。常模标准差为 70，常模均值为 500。因此，四、六级考试标准分的计算公式为：

$$\text{Score}=\frac{X-72}{12}\times 70+500$$

请将下面一个班 30 位同学的成绩转换为标准分。（数据：Zscore2. sav）

65	78	45	38	66	82	63	77	90	56
68	72	76	83	84	62	48	68	87	78
38	62	54	56	78	58	75	63	92	52

第 7 章
卡方检验

卡方检验在应用语言学研究中使用非常广泛,主要用于分类变量的频次相关数据的统计分析。卡方检验是一种非参数检验,因此没有参数检验对数据那么严格的要求。

卡方检验主要有两种用法:一是数据拟合度检验,二是独立性检验。下面我们分别介绍两种卡方检验在 SPSS 中的操作方法。

7.1 数据拟合度检验

如果我们只有一个分类变量,这个变量有 2 个或多个水平,那么就要用到卡方检验中的数据拟合度检验(Test for Goodness of Fit)。数据拟合度检验在 SPSS 中需要使用 Analyze—Non-Parametric Tests—Chi-Square 中的卡方检验。

比如,我们调查学生对于下面所列的外国文化,那种最熟悉,要求学生从"美国文化"、"英国文化"、"澳大利亚文化"、"德国文化"、"法国文化"中选择其一。共有 97 名学生,调查结果如表 7.1(数据:Chi-Square1.sav):

表 7.1

	美国文化	英国文化	澳大利亚文化	德国文化	法国文化
结果	28	25	10	16	18

此例中,有一个分类变量,它有 5 个水平,所以需要使用卡方检验中的数据拟合度检验来判断学生的选择是否有差异。

首先在空白的 SPSS 文件中输入数据,我们用 1、2、3、4、5 代表各个国家文化,并将之命名为 Culture;将选择的结果变量命名为 Frequency。如图 7.1。

在进行卡方检验之前需要先将数据进行加权处理。点击菜单 Data—Weight Cases,会出现如下对话框(图 7.2),然后选择 Weight cases by,并将 Frequency 变量移入到 Frequency Variable 下面的方框中,点击 OK 返回到 SPSS 主界面。

然后在菜单中选择 Analyze—Nonparametric Tests—Chi-Square,如图 7.3。

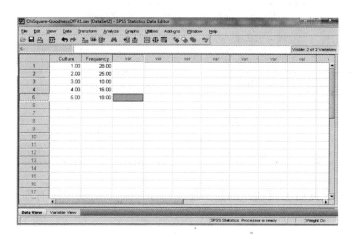

图 7.1　　　　　　　　　　　　　　　图 7.2

SPSS 程序会出现如下对话框(图 7.4):将 Frequency 变量移入 Test Variable List。注意,这里缺省选择的是 All categories equal,即我们认为学生选择 5 种文化的概率是相等的。然后选择 OK。

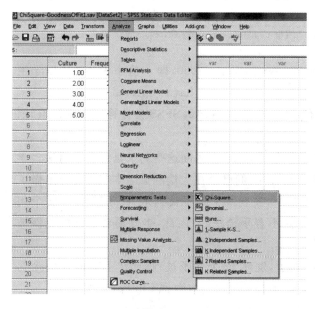
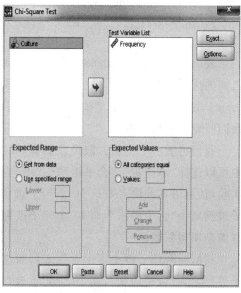

图 7.3　　　　　　　　　　　　　　　图 7.4

统计结果如表 7.2 和表 7.3:

表 7.2

	Frequency		
	Observed N	Expected N	Residual
10.00	10	19.4	−9.4
16.00	16	19.4	−3.4
18.00	18	19.4	−1.4
25.00	25	19.4	5.6
28.00	28	19.4	8.6
Total	97		

表 7.2 显示了观测值和期望值。由于我们上面选择的是 All categories equal，所以所有期望值都是 19.4。

表 7.3

Test Statistics	
	Frequency
Chi-Square	10.680[a]
df	4
Asymp. Sig.	.030

a. 0 cells (.0%) have expected frequencies less than 5. The minimum expected cell frequency is 19.4.

表 7.3 显示，$\chi^2=10.680$，自由度(df)=4，Asymp. Sig.=.030，即 p 值小于.05，所以学生之间的选择有显著差异。注意表格下面的注解:0 cells (.0%) have expected frequencies less than 5，说明没有任何期望值小于 5。如果有 cases 期望值小于 5，SPSS 会计算一个校正值，则我们需要查看校正值。

我们再看一个例子。假设我们有 50 个英语句子，让学生判断这些句子是否合乎语法。学生可以选择"不确定"、"合乎语法"、"不合乎语法"。我们已经在大量的英语本族语者身上做了实验，让英语本族语者对这 50 个句子进行了判断，发现 8 个句子被判定为"不确定"，25 个句子被判断为"合乎语法"，而 17 个句子被判定为"不合乎语法"。因此，本族语者判断的比例被看做是期望频数。

我们同时让一群中国中学生来判断这些句子，发现 12 个句子被判定为"不确定"，28 个句子被判定为"合乎语法"，而 10 个句子被判定为"不合乎语法"。（数据 Chi-Square2.sav）

我们的研究问题是：英语本族语者和中国学生的判断是否有显著差异？

首先，在空白 SPSS 文件中输入数据，如图 7.5。我们将学生选择变量命名为 Choice，0="不确定"，1="合乎语法"，2="不合乎语法"。我们将学生做出判断的频次变量命名为 Proportion。注意我们现在输入的是观测值。

然后对 Proportion 变量进行加权处理。点击菜单 Data—Weight Cases，在出现的对话框中选择 Weight cases by，将 proportion 变量移入到 Frequency Variable 下面的方框中，点击

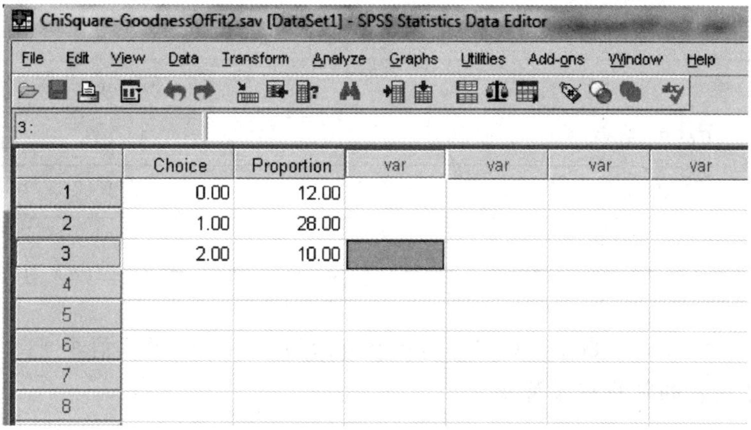

图 7.5

OK 返回到 SPSS 主界面。

其次,点击菜单 Analyze—Nonparametric Tests—Chi-Square,将出现图 7.6。将 Proportion 变量移入 Test Variable List 中。由于我们已通过本族语者实验获得了期望值,所以在 Expected Values 对话框中选择 Values,然后将期望值 8、25 和 17 依次填入 Values 右边的空格中,并依次点击 Add 将三个期望值加入到下面的空白中。注意这里观测值 12、28 和 10 在 SPSS 中是自动从小到大排列的,即按 10、12、28 顺序排列,所以输入期望值时应按其对应顺序排列,即按 17、8、25 顺序输入。

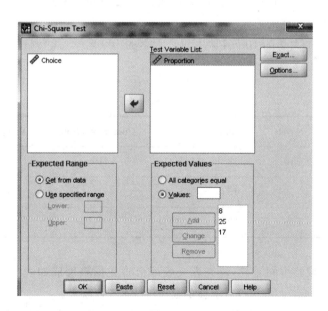

图 7.6

然后点击 OK,SPSS 即可返回统计结果,如表 7.4。

表 7.4

Test Statistics

	Frequency
Chi-Square	14.378
df	2
Asymp. Sig.	.001

结果显示,$\chi^2=14.378$,自由度(df)=2,Asymp. Sig.=.001,即 p 值小于.05,所以中国学生的判断与本族语者的判断有显著差异。

7.2 独立性检验

如果有 2 个或多个变量,每个变量都是分类变量,若要检验变量之间数据是否有差异,即检验组与组之间是否有差异,则需要使用卡方检验中的独立性检验(Test for group independence)。独立性检验需要在 SPSS 中使用 Analyze—Descriptive Statistics—Crosstabs,再选择卡方检验。

比如,我们调查大学生最喜欢用下面哪种方式学习外语:"看外文电影"、"阅读外文小说"、"学唱外文歌曲"、"用外文写日记"、"与外国人交流"、"访问外文网页"。学生可以从上面 6 种方式中任选一种自己最喜欢的方式。

我们分别调查了 A 大学的 100 名学生和 B 大学的 100 名学生。调查结果如表 7.5(数据:Chi-Square3.sav)。

表 7.5

	Movies	Novels	Songs	Diary	Communication	Webpage	合计
A 大学	42	16	18	6	10	8	100
B 大学	38	19	15	5	11	12	100
合计	80	35	33	11	21	20	200

通过卡方分析来检验组间差异,研究者一般都会将数据整理成如表 7.5 形式。这样的表格称作列联表(Contingency Table)。上面的是一个 2×6 列联表。

通过 SPSS 来进行组间独立性检验,首先在空白的 SPSS 文件中输入数据,如图 7.7。我们将大学变量命名为 Uni,A 大学=1,B 大学=2;将各种学习方式命名为变量 Type,1="看外文电影"、2="阅读外文小说"、3="学唱外文歌曲"、4="用外文写日记"、5="与外国人交流"、6="访问外文网页";将学生所选择频次命名为变量 Frequency。

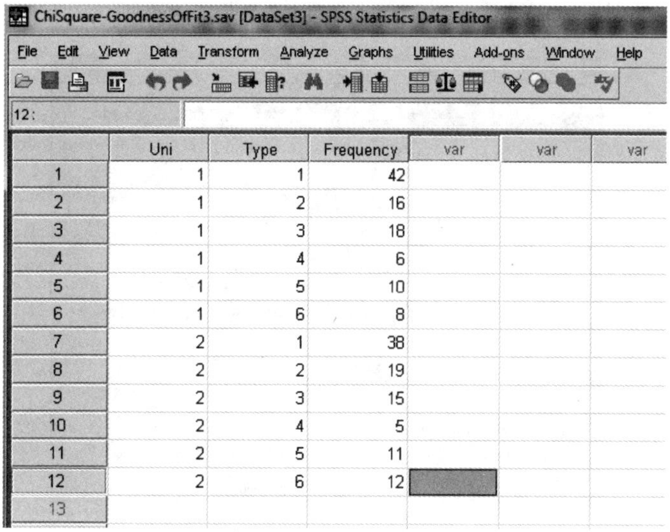

	Uni	Type	Frequency	var	var	var
1	1	1	42			
2	1	2	16			
3	1	3	18			
4	1	4	6			
5	1	5	10			
6	1	6	8			
7	2	1	38			
8	2	2	19			
9	2	3	15			
10	2	4	5			
11	2	5	11			
12	2	6	12			
13						

图 7.7

然后对 Frequency 变量进行加权处理。点击菜单 Data—Weight Cases，在出现的对话框中选择 Weight cases by，将 Frequency 变量移入到 Frequency Variable 下面的方框中，点击 OK 返回到 SPSS 主界面。

在菜单中依次选择 Analyze—Descriptive Statistics—Crosstabs，如图 7.8。

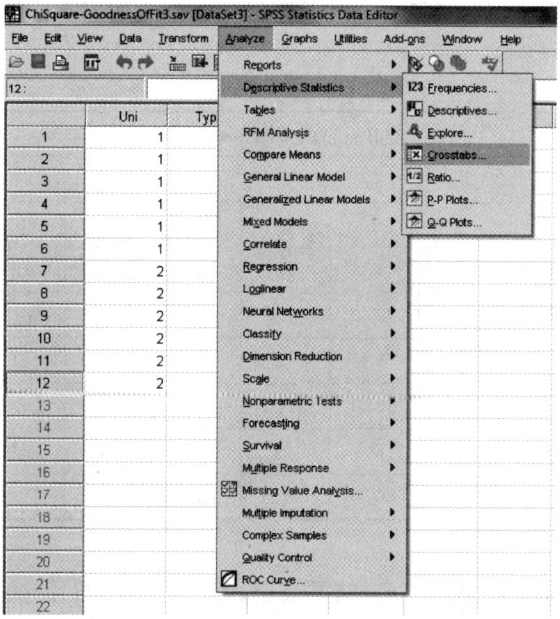

图 7.8

应用语言学研究设计与统计

SPSS 程序会出现如图 7.9 对话框。将 Uni 和 Type 变量分别移入 Row(s) 和 Column(s) 空白中(我们也可以将 Uni 和 Type 的位置互换)。

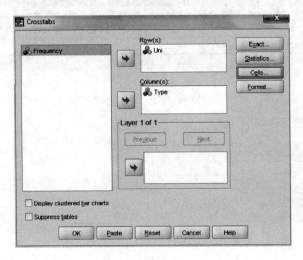

图 7.9

然后点击右侧的 Statistics 按钮,将其中的 Chi-Square 前的空白打钩选定,点击 Continue 返回到图 7.9 界面。最后点击图 7.9 中 OK,即可查看统计结果。如果我们在上图中点击 Cells,并将其中 Counts 里面的 Observed 和 Expected 都打钩选定,则统计结果会同时显示观察值和期望值。

统计结果如表 7.6 和表 7.7。表 7.6 显示了 Uni * Type Crosstabulation,即 2×6 列联表。由于我们同时选择了 Observed 和 Expected,所以该列联表同时列出了观测值和期望值。

表 7.6

<table>
<tr><th colspan="3">Uni * Type Crosstabulation</th><th colspan="6">Type</th><th rowspan="2">Total</th></tr>
<tr><th></th><th></th><th></th><th>1</th><th>2</th><th>3</th><th>4</th><th>5</th><th>6</th></tr>
<tr><td rowspan="4">Uni</td><td rowspan="2">1</td><td>Count</td><td>42</td><td>16</td><td>18</td><td>6</td><td>10</td><td>8</td><td>100</td></tr>
<tr><td>Expected Count</td><td>40.0</td><td>17.5</td><td>16.5</td><td>5.5</td><td>10.5</td><td>10.0</td><td>100.0</td></tr>
<tr><td rowspan="2">2</td><td>Count</td><td>38</td><td>19</td><td>15</td><td>5</td><td>11</td><td>12</td><td>100</td></tr>
<tr><td>Expected Count</td><td>40.0</td><td>17.5</td><td>16.5</td><td>5.5</td><td>10.5</td><td>10.0</td><td>100.0</td></tr>
<tr><td colspan="2" rowspan="2">Total</td><td>Count</td><td>80</td><td>35</td><td>33</td><td>11</td><td>21</td><td>20</td><td>200</td></tr>
<tr><td>Expected Count</td><td>80.0</td><td>35.0</td><td>33.0</td><td>11.0</td><td>21.0</td><td>20.0</td><td>200.0</td></tr>
</table>

其次是卡方检验的结果(表 7.7)。结果表明,$\chi^2=1.668$,自由度(df)=5,Asymp. Sig. =.893,即 p 值大于.05,说明 A 大学和 B 大学学生的选择没有差异。

表 7.7

	Chi-Square Tests		
	Value	df	Asymp. Sig. (2-sided)
Pearson Chi-Square	1.668ᵃ	5	.893
Likelihood Ratio	1.675	5	.892
Linear-by-Linear Association	.541	1	.462
N of Valid Cases	200		

a. 0 cells (.0%) have expected count less than 5. The minimum expected count is 5.50.

7.3 练　习

(1) Kreyer (2003)调查了 BNC 语料库子库中的's 和 of 所有格使用的情况。's 和 of 所有格的常模是's 所有格＝25.6%，of 所有格＝74.4%，即期望值。根据修饰语词类，下面表格列举了's 和 of 所有格的频数和百分比(表 7.8)。请计算各词类's 和 of 所有格的百分比是否与常模百分比有差异。

表 7.8　Genitive vs. *of*-construction dependent on the lexical class of the modifier

	's	of	Row total
proper name	74	13	87
	85.1%	14.9%	12.5%
common noun	46	45	91
	50.5%	49.5%	13.0%
collective	5	35	40
	12.5%	87.5%	5.7%
higher animal	4	6	10
	40%	60%	1.4%
lower animal	1	10	11
	9.1%	90.9%	1.6%
personified	12	16	28
	42.9%	57.1%	4.0%
semi-collective	17	40	57
	29.8%	70.2%	8.2%
time & measure	15	30	45
	33.3%	66.7%	6.4%
non-personal	5	324	329
	1.5%	98.5%	47.1%
Column total	179	519	698
	25.6%	74.4%	99.9%

Kreyer. 2003. Genitive and *Of*-Construction in Modern Written English: Processability and Human Involvement[J]. *International Journal of Corpus Linguistics*, 8(2):169-207.

(2) Erman (2007:41) 调查了年轻人和成年人语料库中在 restricted slots 和 open slots 停顿的频数。列联表如表 7.9：

表 7.9

Slots	Young corpus	Adult corpus	Total
Restricted	29	39	68
Open	159	375	534
Total	188	414	602

请根据列联表中的频数：
① 计算两个语料库中位于两种 slots 的停顿频数是否有差异？（独立性检验）
② 计算两个语料库中停顿总频数是否有差异？（拟合度检验）
③ 计算两种 slots 处的停顿总频数是否有差异？（拟合度检验）

> Erman. 2007. Cognitive Processes as Evidence of the Idiom Principle[J]. *International Journal of Corpus Linguistics*, 12(1):25-53.

(3) Li & Ge (2009) 自建了两个医学论文语料库，并分析了两个语料库中的语步（Move）结构和语言特点（动词时态和第一人称代词的使用）。下面是一般过去时、一般现在时和现在完成时在三个语料库中的在各个语步中出现的标准频数和百分比（表 7.10）。请根据标准频数计算各语步中三种时态在 Corpus A 和 Corpus B 中是否有差异？（独立性检验）

表 7.10

Moves	Corpus A			Corpus B		
	Simple past	Simple present	Present perfect	Simple past	Simple present	Present perfect
Move 1	42	108	34	32	108	32
Move 2	48	61	45	36	67	38
Move 3	36	35	26	65	18	3
Move 4	328	29	13	298	36	9
Move 5	629	48	10	575	42	4
Move 6	152	12	0	218	8	0
Move 7	733	140	9	729	102	14
Move 8	53	1	0	9	0	0
Move 9	9	28	4	6	11	3
Move 10	374	377	127	391	476	92
Move 11	3	69	1	1	50	1
Total	2407	908	269	2360	918	196

> Li & Ge. 2009. Genre Analysis: Structural and Linguistic Evolution of the English-Medium Medical Research Article (1985-2004)[J]. *English for Specific Purposes* (28):93-104.

第 8 章
T 检验

两组连续变量/数据之间比较平均数的差异,可以用 T 检验。常用的 T 检验有两种:独立样本 T 检验(Independent-Samples T Test)和配对样本 T 检验(Paired-Samples T Test)。另外,还有单样本 T 检验(One Sample T Test)。

- 如果研究是组间设计,在两组被试上进行了同一个测量,搜集到两个独立样本的数据,需要考察这两个独立样本数据间是否有差异,可以用独立样本 T 检验;
- 如果研究是组内设计,在同一组被试上进行了重复测量,搜集到同一组被试的两次重复测量样本的数据,需要考察这两个重复测量样本数据间是否有差异,可以用配对样本 T 检验;
- 如果搜集到了一组被试的一次测量数据,同时已知这组被试的总体(Population)的测量平均值,需要考察这组被试与总体的平均值差异,可以用单样本 T 检验。

T 检验只能用于两组连续变量/数据之间比较平均数的差异。这里需要注意两个问题。一是,两组数据必须都是连续变量/数据,且样本至少大于 30 以符合正态分布的最低要求。如果样本不是连续变量或样本量小于 30,则可使用其他非参数性检验方法(参见 4.5 小节如何选择统计方法)。二是,如果是三组及以上数据平均数比较,不能重复使用多次 T 检验,而应该使用方差分析。

8.1 独立样本 T 检验

我们对在我国学习汉语的留学生进行了一项汉字识字能力测试,要求每位留学生读 100 个汉字,计 100 分。留学生被试分为两组,一组为来自汉文化圈的韩国和日本留学生,另一组为来自非汉文化圈的欧美留学生。每组各 32 人。两组被试学习汉语的时间基本相同,他们在我国留学的时间也基本相同。他们的测试成绩如表 8.1。(数据:T Test1.sav)

问题:汉文化圈和非汉文化圈留学生的汉字识字能力测试成绩是否有差异?

此例中对两组不同被试进行了同样的测量,是两组被试的组间测量,所以可以用独立样本 T 检验。首先,在空白 SPSS 文件中输入上表数据,如图 8.1。我们将分组变量命名为 Group,1 代表汉文化圈留学生成绩,2 代表非汉文化圈留学生成绩。将成绩变量命名为 Score。

然后,在菜单中选择 Analyze—Compare Means—Independent-Samples T Test。如图 8.2。

表 8.1

汉文化圈留学生成绩	非汉文化圈留学生成绩
88	90
90	72
86	74
78	67
68	56
79	60
85	78
92	68
78	65
67	75
69	84
79	85
66	68
87	75
69	58
72	69
65	73
84	72
81	68
92	76
77	73
81	80
72	72
83	66
69	76
70	84
74	65
76	79
85	70
89	73
78	68
80	78

第 8 章 T 检验

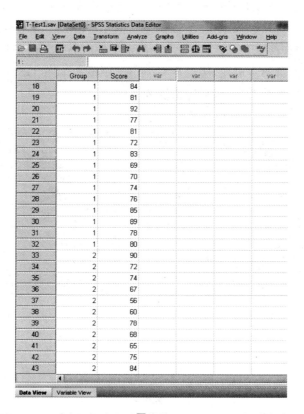

图 8.1

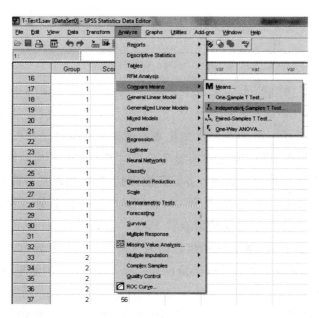

图 8.2

SPSS 程序会弹出如图 8.3 对话框。将 Score 变量移入 Test Variable(s)下面的空白框，将 Group 变量移入 Grouping Variable 下面的空白框并点击 Define Groups。

SPSS 程序会弹出如图 8.4 对话框，要求我们定义如何分组。由于我们用 1 和 2 分别代表汉文化圈和非汉文化圈留学生成绩，所以在 Group 1 中输入 1，在 Group 2 中输入 2。然后点击 Continue 按钮，返回到图 8.3。最后点击图 8.3 中的 OK。

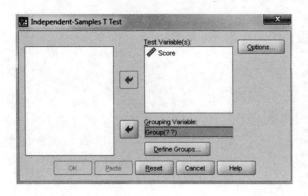

图 8.3

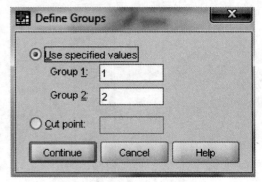

图 8.4

结果如表 8.2。

表 8.2

Group Statistics					
	Group	N	Mean	Std. Deviation	Std. Error Mean
Score	1	32	78.41	8.060	1.425
	2	32	72.41	7.725	1.366

表 8.2 分别显示了两组被试人数、成绩平均值、标准差、标准误等描述性统计。从两组被试的平均分来看，汉文化圈的被试平均分为 78.41，非汉文化圈的被试平均分为 72.41。但是，我们不能仅凭平均分相差 6 分，就判断汉文化圈的被试平均分高于非汉文化圈的被试。我们还需要推断性统计结果来判断二者是否有显著差异。表 8.3 是 T 检验统计结果。

独立样本 T 检验首先需对数据进行方差齐性检验，观察数据是否符合方差齐性要求。上表中方差齐性检验的 Sig. 值为 .519，大于 .05，说明两组数据的方差齐性没有显著差异，即两组数据的方差是齐性的。因此，T 检验需查看 Equal variances assumed 一行的结果。如果方差齐性检验的 Sig. 值小于 .05，则说明两组数据的方差齐性显著差异，即两组数据的方差是非齐性的，那么 T 检验则需查看 Equal variances not assumed 一行的结果(此例中方差齐性和非齐性的结果基本相同)。

由表 8.3 可知，t 值为 3.040，自由度(df)为 62，两组数据平均值的差为 6，标准误的差为 1.973，置信区间为 2.055～9.945。p 值为 .003。由于 p 值小于 .05，说明两组数据有显著差异。

表 8.3

Independent Samples Test

		Levene's Test for Equality of Variances		T Test for Equality of Means					
								95% Confidence Interval of the Difference	
		F	Sig.	t	df	Sig. (2-tailed)	Mean Difference	Std. Error Difference	Lower	Upper
Score	Equal variances assumed	.420	.519	3.040	62	.003	6.000	1.973	2.055	9.945
	Equal variances not assumed			3.040	61.888	.003	6.000	1.973	2.055	9.945

根据以上结果可知,汉文化圈和非汉文化圈留学生的汉字识字能力测试成绩有显著差异,汉文化圈留学生的汉字识字能力显著高于非汉文化圈留学生。

8.2 配对样本 T 检验

我们对某大学二年级某班 35 位同学进行快速阅读技能的培训。在培训前,我们对他们进行了快速阅读测试(Test 1),为前测。培训后,我们又对他们进行了另一次快速阅读测试(Test 2),为后测。两次测试的分数(满分均为 100 分)如表 8.4。(数据:T Test2.sav)

问题:培训前后两次测试成绩是否有差异?

该实验对同一组被试进行了两次测试,是重复测量,可以用配对样本 T 检验。首先,在空白 SPSS 文件中输入上表数据,如图 8.5。我们分别将两次测试成绩变量命名为 Test1 和 Test2。

然后在菜单中选择 Analyze—Compare Means—Paired-Samples T Test,如图 8.6。

SPSS 会弹出如下对话框(图 8.7)。同时选中左侧的 Test 1 和 Test 2 两个变量(可先点击 Test 1,然后在按住 Ctrl 键的同时再点击 Test 2),再点击中间的向右箭头,将两个变量移入右侧的 Pair 1 中。最后,点击 OK。

表 8.4

Test 1	Test 2
75	76
72	75
82	84
83	82
77	83
83	95
65	76
63	72
68	85
76	86
48	59
67	76
90	89
78	79
67	72
78	73
83	78
66	70
75	87
72	76
82	74
71	68
81	77
80	78
90	86
66	72
68	65
72	68
68	73
86	88
84	76
58	63
76	74
65	75
89	82

第 8 章 T 检验

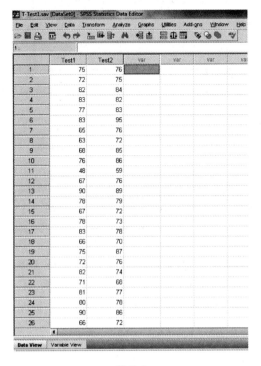

图 8.5

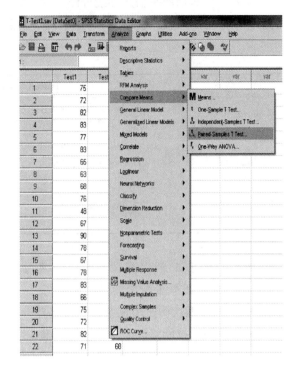

图 8.6

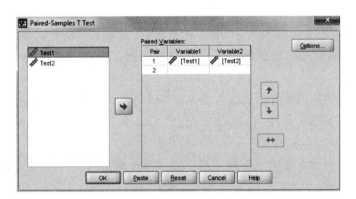

图 8.7

统计结果如表 8.5 和表 8.6。

表 8.5

		Paired Samples Statistics			
		Mean	N	Std. Deviation	Std. Error Mean
Pair 1	Test1	74.40	35	9.475	1.602
	Test2	76.91	35	7.800	1.318

表 8.5 中显示的是描述性统计结果,分别是两次测试的平均分、被试数、标准差和标准误的值。结果显示,后测成绩(Test 2)高于前测成绩(Test 1)。

表 8.6

		Paired Samples Test							
		Paired Differences					t	df	Sig. (2-tailed)
		Mean	Std. Deviation	Std. Error Mean	95% Confidence Interval of the Difference				
					Lower	Upper			
Pair 1	Test1-Test2	−2.514	6.555	1.108	−4.766	−.263	−2.269	34	.030

由表 8.6 可知,两次测试平均值的差为 −2.514,说明 Test 2 测试平均分比 Test 1 高 2.514 分。配对样本 T 检验的置信区间为:−4.766~.263。$t=-2.269$。自由度(df)为 34。p 值为.030,即两次测试的成绩有显著差异。说明排除其他干扰因素的影响,我们对该班同学进行的快速阅读技能培训取得了一定效果。

8.3 单样本 T 检验

假设我们在 8.2 小节研究示例中的第二次测试后,对该大学所有二年级同学也进行了快速阅读测试。快速阅读测试的试题与第二次测试相同。所有二年级同学测试的平均分为 75.36。

问题:该班同学的第二次测试成绩与所有二年级同学测试成绩是否有差异?

打开上例中的 SPSS 文件,在菜单中选择 Analyze—Compare Means—One-Sample T Test,如图 8.8。

SPSS 程序会自动弹出如图 8.9 对话框。将 Test2 变量移入 Test Variable(s)下面的空白。然后,在 Test Value 中输入 75.36。最后,点击 OK。

统计结果如表 8.7 和表 8.8。

表 8.7 显示了 Test2 的描述性统计结果。

表 8.7

	One-Sample Statistics			
	N	Mean	Std. Deviation	Std. Error Mean
Test2	35	76.91	7.800	1.318

图 8.8

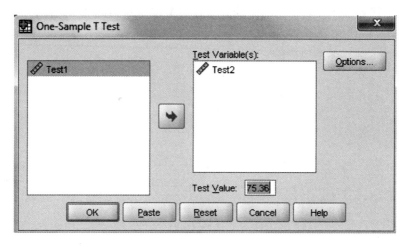

图 8.9

表 8.8

One-Sample Test

Test Value=74.36

	t	df	Sig. (2-tailed)	Mean Difference	95% Confidence Interval of the Difference	
					Lower	Upper
Test2	1.937	34	.061	2.554	−.13	5.23

表 8.8 显示了单样本 T 检验统计结果。

表 8.8 上方显示,总体平均分为 Test Value=74.36。Test2 平均分比二年级总体平均分高 2.554。

另外,$t=1.937$。自由度(df)为 34。置信区间为 $-.13 \sim 5.23$。p 值为 .061,大于 .05,说明该班第二次测试成绩与二年级总体成绩没有显著差异。

8.4 练 习

(1) 本书数据包中有名为 T-test-Practice.xls 的文件。该文件包含了两组 100 名学生某次考试的成绩。请将数据导入 SPSS,并计算这两组学生的考试成绩是否有显著差异(配对样本 T 检验)。

(2) 假设 T-test-Practice.xls 文件中包含的是某班 50 名学生两次考试的成绩。请首先将数据转换成重复测量数据的格式,然后使用配对样本 T 检验统计两次考试成绩是否有显著差异。

(3) 假设 T-test-Practice.xls 文件中包含的是某校某班级 100 名学生在某次考试中的成绩。该次考试该校共有 2000 名学生参加,2000 名学生的考试平均分是 80.26 分。请使用单样本 T 检验统计该班级 100 名学生的平均分是否与全校 2000 名学生的平均分有显著差异。

第 9 章
方差分析（组间设计）

应用语言学研究经常需要比较平均数差异。如果研究涉及二组被试或数据，可以使用 T 检验或方差分析；如果研究涉及三组或三组以上被试或数据，可以使用方差分析。

根据研究设计的不同，方差分析对于组间设计、组内设计和混合设计有不同的处理方法。本章讨论方差分析对于组间设计数据的处理方法，第 10 章讨论方差分析对于组内设计数据的处理方法，第 11 章讨论方差分析对于混合设计数据的处理方法。

9.1 主效应和交互效应

根据自变量的数目，方差分析可分为单因素方差分析和多因素方差分析。

假设有两个自变量 A 和 B，A 有三个水平（A1，A2 和 A3），B 有三个水平（B1，B2 和 B3）。我们需要考察自变量 A 和 B 对于因变量 C 的影响，即进行一个 3×3 的两因素方差分析。这时，当我们进行方差分析时，我们默认有三个零假设，即：

(1) 自变量 A 对于因变量 C 没有主效应（Main Effect）；
(2) 自变量 B 对于因变量 C 没有主效应；
(3) 没有 A×B 对于因变量 C 的交互效应（Interaction Effect）。

主效应指的是某因素（某自变量）对于因变量独立产生的效应，即不考虑其他因素（其他自变量）的影响，某因素对因变量产生的效应（或影响）。上面的例子中，两个因素（A 和 B）可能对因变量 C 产生主效应。

如果某个因素对于因变量有显著主效应，则意味着该自变量的各个水平在其他自变量的所有水平上的平均数存在差异[①]。比如，上例中，如果 A 的主效应显著，那就意味着 A1 在 B 因素的三个水平（B1、B2 和 B3）下的平均数存在显著差异；同时，A2 和 A3 在 B 因素的三个水平（B1、B2 和 B3）下的平均数也存在显著差异。另外，我们可以将上例中的 3×3 方差分析看成同时检验两个因素（A 和 B）对于因变量 C 的主效应。

方差分析不但可以对主效应进行检验，还可以同时检验各自变量间的交互效应。交互效应指的是一个自变量的主效应在另一个或多个自变量的各水平上的变化，或者说，如果一个自变量在其他自变量的不同水平上产生了不同的效应，则可看作产生了交互效应。上例中，如果

[①] 邓铸.2006.应用实验心理学[M].上海：上海教育出版社.（第二章）

产生了自变量 A×自变量 B 的交互效应,该交互效应可能有两种情况:

(1)自变量 A 的主效应在自变量 B 的三个水平上有变化,或者说,自变量 A 在自变量 B 的三个水平上产生了不同的效应(比如,A 在 B1 和 B2 水平上出现了显著效应,而在 B3 水平上没有出现显著效应);

(2)自变量 B 的主效应在自变量 A 的三个水平上有变化,或者说,自变量 B 在自变量 A 的三个水平上产生了不同的效应(比如,B 在 A1 和 A2 水平上出现了显著效应,而在 A3 水平上没有出现显著效应)。

如果方差分析中出现了交互效应,则可对交互效应做进一步的简单效应检验。

9.2 组间设计

组间设计,又称作被试间设计或完全随机设计。根据实验设计因素(自变量)的数目,分为单因素组间设计(一个自变量)和多因素组间设计。应用语言学研究大多涉及单因素、两因素、三因素组间设计,也有少量研究涉及三个以上因素的组间设计。如果涉及更多自变量,则结果会非常复杂,并难以解释,所以一般研究大多为三个及以下因素设计。

9.3 单因素组间设计

如果有一个因素(或自变量),该因素有 3 个水平,实验设计有三组被试分别进行三个水平的处理,则为单因素组间设计。如果需要考察三个水平间的差异,则需要使用单因素组间方差分析(One-Way between-Groups ANOVA)。

假设我们进行了某项大学生英语听力水平测试,满分为 30 分。被试为 90 名某校一、二、三年级大学生各 30 名。分数如表 9.1(数据:ANOVA1.1.sav)。

问题:三个年级大学生之间的听力水平测试成绩是否有差异?

首先,在空白 SPSS 文件中输入数据,如图 9.1。将年级变量命名为 Grade,1 代表一年级,2 代表二年级,3 代表三年级。将成绩变量命名为 Score。

然后,选择菜单中的 Analyze—Compare Means—One-Way ANOVA。如图 9.2。

SPSS 程序会自动弹出图 9.3。将 Score 变量移入 Dependent List 下面的空白中,将 Grade 变量移入 Factor 下面的空白中。

点击 Options 按钮,弹出对话框(图 9.4)。勾选 Statistics 下面的 Descriptive 和 Homogeneity of variance test,要求 SPSS 在进行方差分析时进行描述性统计和方差齐性检验。点击 Continue,返回到图 9.3 界面。最后,点击图 9.3 中的 OK。

表 9.1

Grade 1	Grade 2	Grade 3
20	25	24
18	17	18
25	16	28
23	18	27
24	23	22
12	24	20
14	28	14
13	12	12
20	15	18
15	16	19
22	22	29
15	20	23
12	27	24
18	22	16
16	24	18
12	23	19
10	18	24
15	19	25
24	21	16
23	16	19
11	19	22
18	29	16
16	26	17
10	17	24
13	27	15
15	19	10
18	20	18
19	25	19
23	28	27
16	18	20

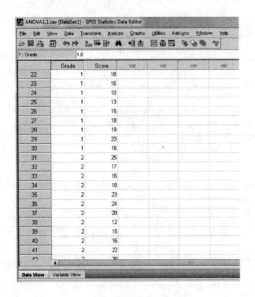

图 9.1

图 9.2

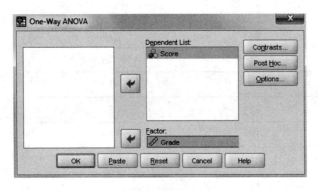

图 9.3

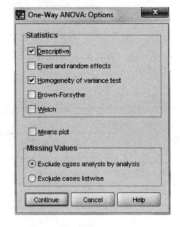

图 9.4

统计结果如表 9.2、表 9.3、表 9.4。

表 9.2

Descriptives								
Score								
	N	Mean	Std. Deviation	Std. Error	95% Confidence Interval for Mean		Minimum	Maximum
					Lower Bound	Upper Bound		
1	30	17.00	4.511	.824	15.32	18.68	10	25
2	30	21.13	4.485	.819	19.46	22.81	12	29
3	30	20.10	4.737	.865	18.33	21.87	10	29
Total	90	19.41	4.860	.512	18.39	20.43	10	29

表 9.2 显示的是描述性统计结果。

表 9.3

Test of Homogeneity of Variances

Score

Levene Statistic	df1	df2	Sig.
.004	2	87	.996

表 9.3 显示的是方差齐性检验的结果。p 值为 .996，大于 .05，说明数据方差是齐性的。

表 9.4

ANOVA

Score

	Sum of Squares	df	Mean Square	F	Sig.
Between Groups	277.622	2	138.811	6.620	.002
Within Groups	1824.167	87	20.967		
Total	2101.789	89			

表 9.4 是方差分析的结果。结果显示，F 值为 6.620，自由度 (df) 为 (2,87)。p 值为 .002。说明三组之间有显著差异。

但是，我们并不知道三组中具体哪组之间有显著差异还是三组之间均有显著差异。如果需要检验具体是哪组之间有差异，我们需要进行事后多重检验（Post Hoc Multiple Comparisons）。

选择菜单中的 Analyze—Compare Means—One-Way ANOVA。在弹出的对话框（图 9.3）中点击 Post Hoc 按钮，会弹出下图对话框（图 9.5），勾选 Equal Variances Assumed 中的 LSD，勾选 Equal Variance Not Assumed 中的 Tamhane's T2。点击 Continue，退回到上级对话框（图 9.3），然后点击 OK。

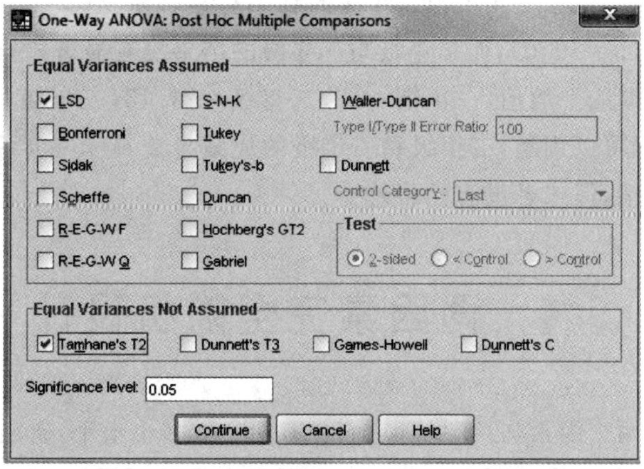

图 9.5

这时,返回的统计结果除了上面的三个表格之外,多了下面的事后多重检验结果(表9.5)。如果方差是非齐性的,就要查看 Tamhane 的结果。此例中方差是齐性的,我们查看 LSD 的结果。

表 9.5

Multiple Comparisons

Dependent Variable: Score

	(I) Grade	(J) Grade	Mean Difference (I-J)	Std. Error	Sig.	95% Confidence Interval	
						Lower Bound	Upper Bound
LSD	1	2	−4.133*	1.182	.001	−6.48	−1.78
		3	−3.100*	1.182	.010	−5.45	−.75
	2	1	4.133*	1.182	.001	1.78	6.48
		3	1.033	1.182	.385	−1.32	3.38
	3	1	3.100*	1.182	.010	.75	5.45
		2	−1.033	1.182	.385	−3.38	1.32
Tamhane	1	2	−4.133*	1.161	.002	−6.99	−1.28
		3	−3.100*	1.194	.035	−6.04	−.16
	2	1	4.133*	1.161	.002	1.28	6.99
		3	1.033	1.191	.772	−1.90	3.96
	3	1	3.100*	1.194	.035	.16	6.04
		2	−1.033	1.191	.772	−3.96	1.90

* The mean difference is significant at the .05 level.

事后多重检验结果显示,一年级与二年级的结果有显著差异($p=.001$),一年级与三年级的结果也有显著差异($p=.010$),而二年级与三年级的结果没有显著差异($p=.385$)。

结合三个年级成绩的平均值(一年级=17,二年级=21.13,三年级=20.10)、方差分析及事后检验的结果,我们可以判断,二年级和三年级的成绩显著高于一年级的成绩,三年级的成绩略低于二年级的成绩,但二者没有显著差异。

9.4 两因素完全随机设计

如果实验设计有两个因素(自变量),它们各有两个或多个水平,研究者随机采用不同组被试接受每个水平的处理,这样的研究设计称作两因素完全随机设计。如果需要考察不同组被试间的差异,则需要使用两因素组间方差分析(Two-Way between-Groups ANOVA)。我们看下面的例子。

有研究表明,学生外语学习的动机强度会影响他们的学习成绩。假设我们调查了90名大学生的英语学习动机强度,根据动机强度将被试分成三组(高强度组、中强度组、低强度组)。每组30名被试中有男生和女生各15名。他们随后参加了一项英语水平测试,成绩如表9.6。(数据:ANOVA1.2.sav)

问题:不同动机强度的男生和女生的英语水平考试成绩是否有差异?

表9.6

Strength	Gender	Score	Strength	Gender	Score
1	1	76	2	2	86
1	1	90	2	2	88
1	1	68	2	2	82
1	1	79	2	2	89
1	1	65	2	2	90
1	1	63	2	2	92
1	1	74	2	2	84
1	1	73	2	2	79
1	1	68	2	2	86
1	1	70	2	2	89
1	1	82	2	2	75
1	1	58	2	2	80
1	1	62	2	2	95
1	1	72	2	2	73
1	1	77	2	2	84
1	2	68	3	1	82
1	2	87	3	1	78
1	2	70	3	1	90
1	2	83	3	1	81
1	2	66	3	1	88
1	2	74	3	1	76
1	2	82	3	1	80
1	2	72	3	1	83
1	2	79	3	1	81
1	2	83	3	1	73
1	2	73	3	1	86
1	2	65	3	1	89

Strength	Gender	Score	Strength	Gender	Score
1	2	75	3	1	90
1	2	72	3	1	95
1	2	56	3	1	89
2	1	85	3	2	70
2	1	92	3	2	75
2	1	72	3	2	89
2	1	76	3	2	81
2	1	82	3	2	82
2	1	83	3	2	86
2	1	71	3	2	90
2	1	70	3	2	76
2	1	84	3	2	72
2	1	72	3	2	85
2	1	80	3	2	80
2	1	91	3	2	84
2	1	82	3	2	83
2	1	76	3	2	76
2	1	68	3	2	79

本研究有两个因素，一个是动机强度，它有3个水平；另一个是学生性别，它有2个水平。所以，研究是一个2×3组间设计。

首先，在空白SPSS文件中输入数据，如图9.6。将动机强度变量命名为Strength，分别用1、2、3代表三种动机强度（3＝高强度组、2＝中强度组、1＝低强度组）。将性别变量命名为Gender，1代表男生，2代表女生。将成绩变量命名为Score。

然后在菜单中选择Analyze—General Linear Model—Univariate，如图9.7。

程序会自动弹出如图9.8对话框。将Score变量移入Dependent Variable，将Strength和Gender变量移入Fixed Factor(s)。

另外，我们设置SPSS进行方差齐性检验和事后多重检验。点击图9.8中的Options，在弹出的对话框的Display中勾选Homogeneity tests，如图9.9。点击Continue返回上层界面。

然后点击图9.8中的Post Hoc，在弹出的对话框（图9.10）中，将Factor(s)中的Strength移入Post Hoc Tests for下面的空白框内；勾选Equal Variances Assumed中的LSD。点击Continue返回上层界面。

最后，点击OK。

统计结果如表9.7、表9.8、表9.9。首先显示的是描述性统计结果，如表9.7。

第 9 章 方差分析（组间设计）

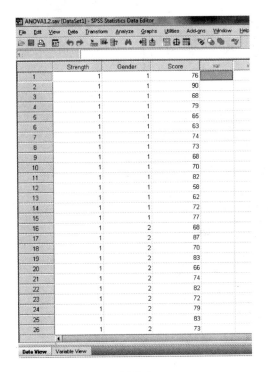

图 9.6

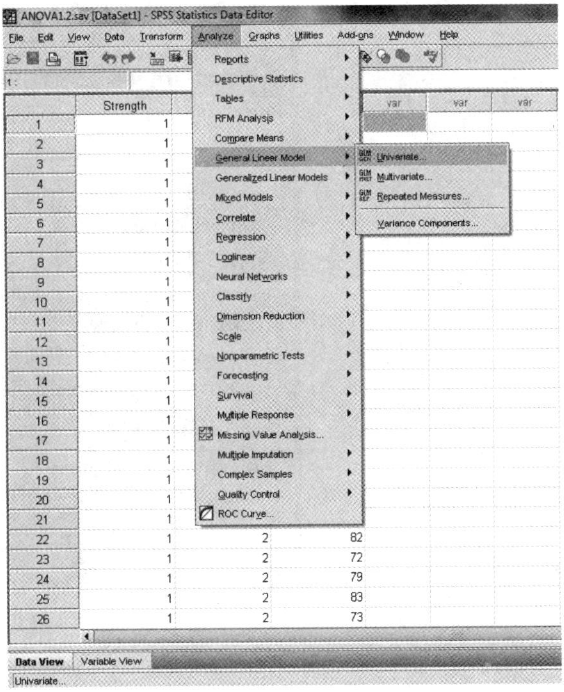

图 9.7

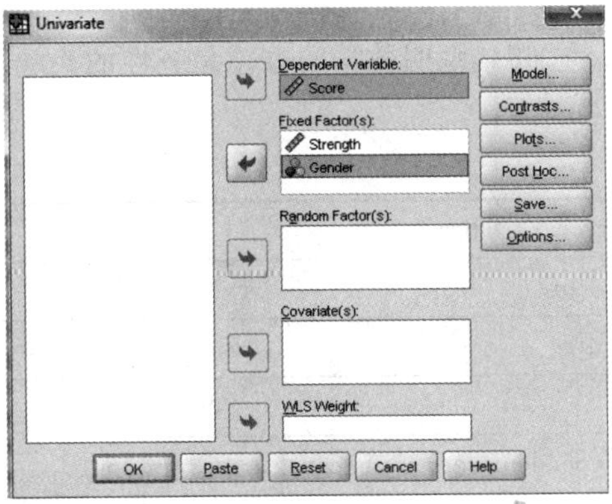

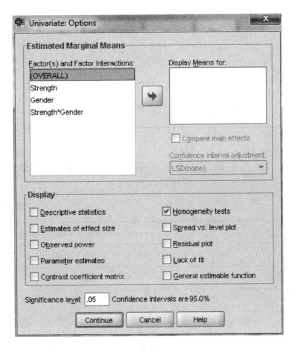

图 9.8

图 9.9

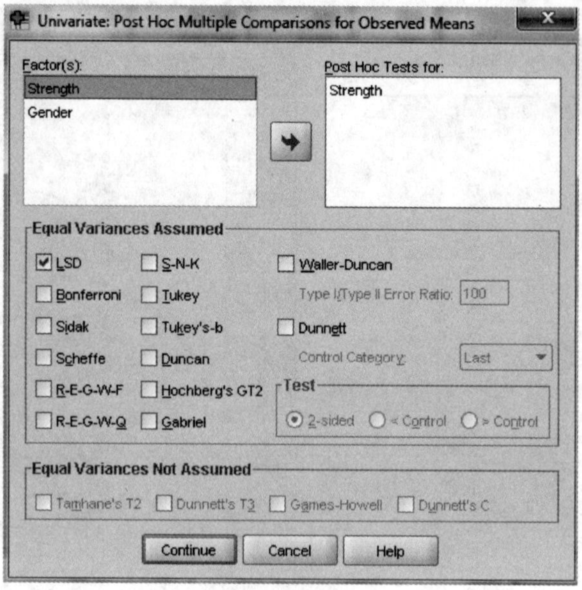

图 9.10

表 9.7

Between-Subjects Factors		N
Strength	1	30
	2	30
	3	30
Gender	1	45
	2	45

然后显示的是方差齐性检验结果,如表 9.8。Sig. =.694,说明数据的方差是齐性的。

表 9.8

Levene's Test of Equality of Error Variances[a]

Dependent Variable: Score

F	df1	df2	Sig.
.608	5	84	.694

Tests the null hypothesis that the error variance of the dependent variable is equal across groups.

a. Design: Intercept+Strength+Gender+Strength * Gender

接下来显示的是方差分析结果,如表 9.9。

表 9.9

Tests of Between-Subjects Effects

Dependent Variable: Score

Source	Type III Sum of Squares	df	Mean Square	F	Sig.
Corrected Model	2129.167a	5	425.833	8.385	.000
Intercept	561216.100	1	561216.100	11051.359	.000
Strength	1751.267	2	875.633	17.243	.000
Gender	44.100	1	44.100	.868	.354
Strength * Gender	333.800	2	166.900	3.287	.042
Error	4265.733	84	50.783		
Total	567611.000	90			
Corrected Total	6394.900	89			

a. R Squared = .333 (Adjusted R Squared = .293)

动机强度变量(Strength)的 F 值为 17.243,自由度(df)为(2,84),p 值为.000,说明出现了动机强度变量的主效应,即不同动机强度学生的学习成绩有显著差异。

性别变量(Gender)的 F 值为.868,自由度(df)为(1,84),p 值为.354,说明没有性别变量的主效应,即不同性别学生的学习成绩没有显著差异。

动机强度变量 * 性别(Strength * Gender)的 F 值为 3.287,自由度(df)为(2,84),p 值为.042,说明出现了动机强度变量 * 性别的交互效应。这就意味着,性别变量可能在动机强度变量的不同水平产生了不同的效应,或者说,动机强度高、中或低各组学生中,男生和女生的成绩可能出现了显著差异。

那么,到底是哪组学生(动机强度高、中或低各组学生)的成绩出现了男生和女生的显著差异呢?这时,我们就要进一步检验出现交互效应的变量间的简单效应。

我们在进行简单效应检验之前,先来看看事后检验的结果(表 9.10)。

表 9.10

Multiple Comparisons

Score

LSD

(I) Strength	(J) Strength	Mean Difference (I-J)	Std. Error	Sig.	95% Confidence Interval	
					Lower Bound	Upper Bound
1	2	−9.13*	1.840	.000	−12.79	−5.47
	3	−9.57*	1.840	.000	−13.23	−5.91
2	1	9.13*	1.840	.000	5.47	12.79
	3	−.43	1.840	.814	−4.09	3.23
3	1	9.57*	1.840	.000	5.91	13.23
	2	.43	1.840	.814	−3.23	4.09

Based on observed means.
The error term is Mean Square(Error) = 50.783.

* The mean difference is significant at the .05 level.

表 9.10 显示的是事后检验的结果。我们发现,动机低强度组学生的成绩与中强度组及高强度组学生的成绩均有显著差异(p 值均为 .000),而中强度组与高强度组学生的成绩没有显著差异(p 值为 .814)。也就是说,动机低强度组学生的成绩显著低于中强度组及高强度组学生的成绩,而中强度组与高强度组学生的成绩没有差异。

下面我们对出现的动机强度变量 * 性别的交互效应进行简单效应检验。我们首先对性别变量在动机强度变量不同水平上的差异进行简单效应检验,然后对动机强度变量在性别变量不同水平上的差异进行简单效应检验。

SPSS 中进行简单效应检验,需要进行编程。首先,在 SPSS 数据界面菜单中依次选择 File-New-Syntax,如图 9.11。

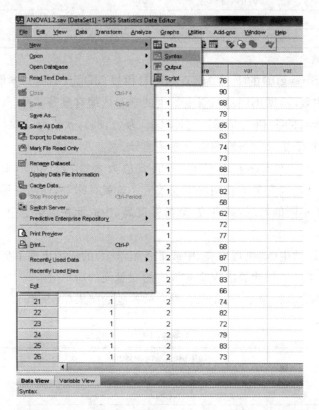

图 9.11

会弹出 SPSS 程序的句法编辑器,如图 9.12。

在句法编辑器右侧的空白处输入如下句法程序。

```
MANOVA Score BY Strength(1,3) Gender(1,2)
/DESIGN
/DESIGN=Gender WITHIN Strength(1) Gender WITHIN Strength(2) Gender WITHIN Strength(3)
```

第 9 章 方差分析（组间设计）

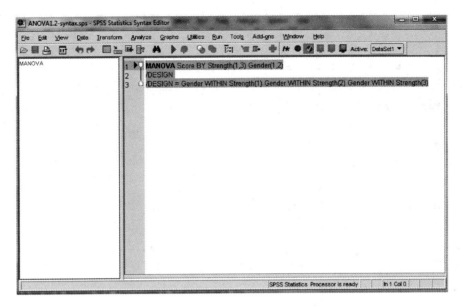

图 9.12

程序第一行为 MANOVA Score BY Strength(1,3) Gender(1,2)，进行简单主效应或简单交互效应检验，需要使用 MANOVA 过程（Procedure），所以程序首先书写 MANOVA。然后书写因变量名，这里为 Score。BY 为关键词，BY 后面书写自变量名，这里为 Strength 和 Gender。Strength 后面的(1,3)说明自变量 Strength 有 3 个水平，同样的，Gender 后面的(1,2)说明自变量 Gender 有 2 个水平。

程序第二行为/DESIGN，要求进行完全析因分析（Full Factorial Analysis），产生的统计结果将与前面看到的方差分析的结果完全相同。因此，如果不需要重复显示该结果，此行程序也可以省略。另外，第二行/DESIGN 也可写成/DESIGN = Strength, Gender, Strength BY Gender，要求进行 Strength 主效应、Gender 主效应以及 Strength * Gender 交互效应的检验。

程序第三行为/DESIGN=Gender WITHIN Strength(1) Gender WITHIN Strength(2) Gender WITHIN Strength(3)，要求统计 Gender 变量在 Strength 变量 3 个水平的简单效应。

程序书写完成后，点击句法编辑器菜单下方的三角图标 ▶，即可查看统计结果。

统计结果如表 9.11 和表 9.12。

表 9.11

```
* * * * * * * * A n a l y s i s   o f   V a r i a n c e * * * * * *
     90 cases accepted.
     0 cases rejected because of out-of-range factor values.
     0 cases rejected because of missing data.
     6 non-empty cells.


     3 designs will be processed.
```

续表

```
* * * * Analysis of Variance—Design 1 * * * *
Tests of Significance for Score using UNIQUE sums of squares
Source of Variation      SS        DF      MS         F       Sig of F

WITHIN CELLS            4265.73    84      50.78
Strength                1751.27     2     875.63     17.24    .000
Gender                    44.10     1      44.10       .87    .354
Strength BY Gender       333.80     2     166.90      3.29    .042

(Model)                 2129.17     5     425.83      8.39    .000
(Total)                 6394.90    89      71.85

R-Squared=                .333
Adjusted R-Squared=       .293
```

表9.11显示的是Design 1的结果,即完全析因分析的结果。该结果与前面看到的方差分析的结果(表9.9)是相同的。

表9.12

```
* * * * Analysis of Variance—Design 2 * * * *
Tests of Significance for Score using UNIQUE sums of squares
Source of Variation      SS        DF      MS         F       Sig of F

WITHIN+ RESIDUAL        6017.00    86      69.97
GENDER WITHIN STRENG      26.13     1      26.13       .37    .543
TH(1)
GENDER WITHIN STRENG     258.13     1     258.13      3.69    .058
TH(2)
GENDER WITHIN STRENG      93.63     1      93.63      1.34    .251
TH(3)

(Model)                  377.90     3     125.97      1.80    .153
(Total) 6                394.90    89      71.85

R-Squared=                .059
Adjusted R-Squared=       .026
```

表9.12中显示的是Gender变量在Strength变量的3个水平的简单效应。结果表明，Gender变量在Strength变量的第1和第3个水平(即动机强度低和动机强度高组的学生)不具有简单效应(F分别为0.37和1.34，自由度为$(1,86)$，p分别为.543和.251)，而Gender变量在Strength变量的第2个水平(即动机强度中的学生)具有边缘显著效应(F为3.69，自由度为$(1,86)$，p为.058)。

通过描述性统计数据可知，男生(Gender 1)在中动机强度水平下(Strength 2)成绩的平均值为78.93，女生(Gender 2)在中动机强度水平下(Strength 2)成绩的平均值为84.80。因此，中动机强度组女生的成绩显著高于男生的成绩。

上面我们对Gender变量在Strength变量3个水平上的变化进行了简单效应检验。下面，我们对Strength变量在Gender变量的2个水平上进行简单效应检验。

我们在句法编辑器右侧的空白处输入如下句法程序：

```
MANOVA Score BY Strength(1,3) Gender(1,2)
/DESIGN
/DESIGN = Strength WITHIN Gender(1)   Strength WITHIN Gender(2)
```

表9.13是简单效应检验的结果。结果显示，Strength变量在Gender变量的2个水平上都具有显著简单效应(F分别为11.23和9.33，自由度为$(2,85)$，p均为.000)。

表 9.13

```
- - - - - - - - - - - - - - - - - - - - - - - - - - - - - - - - - - - - -
* * * * A n a l y s i s   o f   V a r i a n c e—Design  3 * * * *
Tests of Significance for Score using UNIQUE sums of squares
Source of Variation        SS         DF       MS         F         Sig of F

WITHIN+ RESIDUAL          4309.83     85       50.70
STRENGTH WITHIN GEND      1138.53     2        569.27     11.23     .000
ER(1)
STRENGTH WITHIN GEND      946.53      2        473.27     9.33      .000
ER(2)

(Model)                   2085.07     4        521.27     10.28     .000
(Total)                   6394.90     89       71.85

R-Squared=                .326
Adjusted R-Squared=       .294
- - - - - - - - - - - - - - - - - - - - - - - - - - - - - - - - - - - - -
```

综合两次简单效应检验的结果,我们发现,Strength * Gender 交互效应主要是由于 Gender 变量在 Strength 变量的不同水平上的差异引起的。而 Strength 变量在 Gender 变量的不同水平上的效应均显著,即 Strength 变量具有主效应。

9.5 三因素完全随机设计

下面我们来看一个三因素完全随机设计的例子。假设某校进行了一项大学英语教学改革实验。该项教学改革实验考虑三个可能影响大学英语学习效果的因素。一是教学方式因素,即以传统的阅读为主的教学方式还是以听说领先的教学方式;二是自主学习因素,即是否在正常课堂教学时间内留出一定时间给学生自主学习;三是反馈因素,即教师是否给学生以积极的教学反馈。该项教学改革实验采用完全随机设计,即 $2\times2\times2$ 的三因素被试间设计,共有该校一年级的 8 个平行班(每个班有 20 名学生)参加该实验。一个学期后,所有学生进行了一项英语水平测试,成绩如表 9.14(数据:ANOVA1.3.sav)。

Method 代表教学方式因素,1 为以阅读为主的教学方式,2 为以听说领先的教学方式。Autonomy 代表自主学习因素,1 为不留时间给学生自主学习,2 为留出一定时间给学生自主学习。Feedback 代表反馈因素,1 为不给学生以积极反馈,2 为给学生以积极反馈。Score 代表学生的英语水平测试成绩,总分为 100 分。

表 9.14

Method	Autonomy	Feedback	Score	Method	Autonomy	Feedback	Score
1	1	1	78	1	2	1	77
1	1	1	75	1	2	1	76
1	1	1	66	1	2	1	68
1	1	1	70	1	2	1	69
1	1	1	72	1	2	1	80
1	1	1	85	1	2	1	82
1	1	1	80	1	2	1	72
1	1	1	68	1	2	1	74
1	1	1	72	1	2	1	69
1	1	1	71	1	2	1	80
1	1	1	64	1	2	1	71
1	1	1	82	1	2	1	81
1	1	1	76	1	2	1	68
1	1	1	73	1	2	1	64
1	1	1	69	1	2	1	88
1	1	1	70	1	2	1	86
1	1	1	76	1	2	1	84

续表

Method	Autonomy	Feedback	Score	Method	Autonomy	Feedback	Score
1	1	1	80	1	2	1	74
1	1	1	82	1	2	1	75
1	1	1	73	1	2	1	68
1	1	2	82	1	2	2	84
1	1	2	80	1	2	2	82
1	1	2	79	1	2	2	79
1	1	2	72	1	2	2	76
1	1	2	68	1	2	2	66
1	1	2	69	1	2	2	69
1	1	2	75	1	2	2	78
1	1	2	78	1	2	2	75
1	1	2	80	1	2	2	80
1	1	2	86	1	2	2	82
1	1	2	84	1	2	2	78
1	1	2	75	1	2	2	69
1	1	2	73	1	2	2	72
1	1	2	66	1	2	2	86
1	1	2	68	1	2	2	79
1	1	2	74	1	2	2	70
1	1	2	66	1	2	2	73
1	1	2	78	1	2	2	81
1	1	2	86	1	2	2	75
1	1	2	84	1	2	2	78
2	1	1	75	2	2	1	73
2	1	1	78	2	2	1	82
2	1	1	80	2	2	1	75
2	1	1	69	2	2	1	71
2	1	1	66	2	2	1	81
2	1	1	70	2	2	1	85
2	1	1	62	2	2	1	77
2	1	1	64	2	2	1	88
2	1	1	74	2	2	1	72
2	1	1	80	2	2	1	76
2	1	1	81	2	2	1	82
2	1	1	75	2	2	1	74
2	1	1	78	2	2	1	83
2	1	1	71	2	2	1	79

续表

Method	Autonomy	Feedback	Score	Method	Autonomy	Feedback	Score
2	1	1	65	2	2	1	76
2	1	1	69	2	2	1	74
2	1	1	80	2	2	1	82
2	1	1	83	2	2	1	84
2	1	1	73	2	2	1	70
2	1	1	68	2	2	1	72
2	1	2	71	2	2	2	85
2	1	2	76	2	2	2	84
2	1	2	72	2	2	2	72
2	1	2	67	2	2	2	92
2	1	2	68	2	2	2	85
2	1	2	76	2	2	2	81
2	1	2	75	2	2	2	82
2	1	2	85	2	2	2	80
2	1	2	78	2	2	2	78
2	1	2	79	2	2	2	79
2	1	2	80	2	2	2	90
2	1	2	82	2	2	2	68
2	1	2	72	2	2	2	72
2	1	2	79	2	2	2	76
2	1	2	76	2	2	2	78
2	1	2	88	2	2	2	88
2	1	2	70	2	2	2	69
2	1	2	75	2	2	2	78
2	1	2	79	2	2	2	79
2	1	2	70	2	2	2	88

首先,参考上面表格中的数据格式在 SPSS 中输入数据,如图 9.13。Method、Autonomy 和 Feedback 均为被试间变量,它们的数据分别单独输入成一列;Score 变量为因变量,单列输入成一列。

然后,在 SPSS 程序菜单中依次选择 Analyze—General Linear Model—Univariate,如图 9.14。

在弹出的对话框中,将 Score 变量移入 Dependent Variable 下面的空白处,将 Method、Autonomy 和 Feedback 移入 Fixed Factor(s)下面的空白处,如图 9.15。

另外,点击图 9.15 中的 Options 按钮,勾选其中的 Descriptive Statistics,然后点击 Continue 返回到图 9.15 对话框。最后,点击图 9.15 对话框中的 OK,查看统计结果。

统计结果如表 9.15、表 9.16 和表 9.17。首先显示的是各自变量的水平和被试数目,如表 9.15。

第 9 章 方差分析（组间设计）

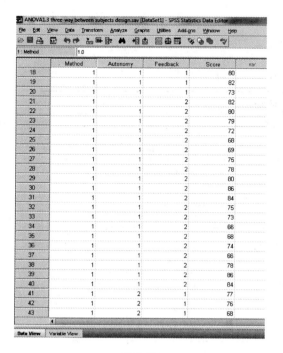

图 9.13   图 9.14

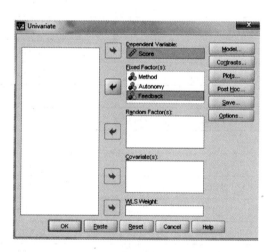

图 9.15

表 9.15

Between-Subjects Factors			
			N
Method		1	80
		2	80
Autonomy		1	80
		2	80
Feedback		1	80
		2	80

接下来显示的是描述性统计结果,如表 9.16。

表 9.16

Descriptive Statistics

Dependent Variable: Score

Method	Autonomy	Feedback	Mean	Std. Deviation	N
1	1	1	74.10	5.721	20
		2	76.15	6.572	20
		Total	75.13	6.169	40
	2	1	75.30	6.791	20
		2	76.60	5.433	20
		Total	75.95	6.106	40
	Total	1	74.70	6.227	40
		2	76.38	5.956	40
		Total	75.54	6.113	80
2	1	1	73.05	6.304	20
		2	75.90	5.543	20
		Total	74.48	6.034	40
	2	1	77.80	5.268	20
		2	80.20	6.748	20
		Total	79.00	6.097	40
	Total	1	75.43	6.218	40
		2	78.05	6.473	40
		Total	76.74	6.443	80
Total	1	1	73.58	5.965	40
		2	76.02	6.002	40
		Total	74.80	6.072	80
	2	1	76.55	6.131	40
		2	78.40	6.316	40
		Total	77.48	6.254	80
	Total	1	75.06	6.194	80
		2	77.21	6.237	80
		Total	76.14	6.289	160

最后显示的是 F 检验的结果,如表 9.17。

表 9.17

Tests of Between-Subjects Effects

Dependent Variable: Score

Source	Type III Sum of Squares	df	Mean Square	F	Sig.
Corrected Model	678.475[a]	7	96.925	2.626	.014
Intercept	927507.025	1	927507.025	25128.076	.000
Method	57.600	1	57.600	1.561	.214
Autonomy	286.225	1	286.225	7.754	.006
Feedback	184.900	1	184.900	5.009	.027
Method * Autonomy	136.900	1	136.900	3.709	.056
Method * Feedback	9.025	1	9.025	.245	.622
Autonomy * Feedback	3.600	1	3.600	.098	.755
Method * Autonomy * Feedback	.225	1	.225	.006	.938
Error	5610.500	152	36.911		
Total	933796.000	160			
Corrected Total	6288.975	159			

a. R Squared = .108 (Adjusted R Squared = .067)

结果表明,Autonomy 有显著主效应($F(1,7)=7.754$, sig. $=.006$),Feedback 有显著主效应($F(1,7)=5.009$, sig. $=.027$),Method * Autonomy 有边缘交互效应($F(1,7)=3.709$, sig. $=.056$)。Method 没有显著主效应,也没有其他交互效应。

由于出现了 Method * Autonomy 边缘交互效应,我们需要进行简单效应检验。我们首先对 Autonomy 变量在 Method 变量不同水平上的差异进行简单效应检验,然后对 Method 变量在 Autonomy 变量不同水平上的差异进行简单效应检验。首先,在 SPSS 数据界面菜单中依次选择 File—New—Syntax,如图 9.16。

然后在弹出的句法编辑器中写入以下程序代码,如图 9.17。

```
MANOVA SCORE BY METHOD(1,2) AUTONOMY(1,2) FEEDBACK(1,2)
/DESIGN
/DESIGN=AUTONOMY WITHIN METHOD(1),AUTONOMY WITHIN METHOD(2)
```

这里的程序代码与前面的简单效应检验的代码类似。

第一行为:MANOVA SCORE BY METHOD(1,2) AUTONOMY(1,2) FEEDBACK(1,2)。首先写入 MANOVA 命令。然后写入因变量 SCORE,因变量后面是关键词 BY。接下来写入三个被试间变量的名称 METHOD、AUTONOMY 和 FEEDBACK,被试间变量名后面的(1,2)代表该变量有 2 个水平。

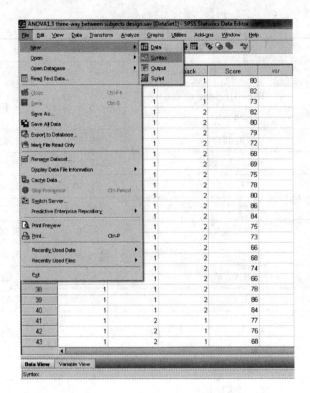

图 9.16

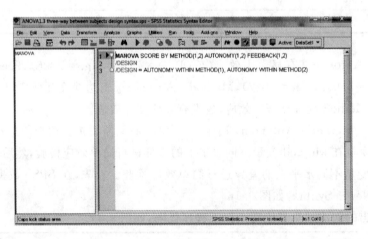

图 9.17

第二行为:/DESIGN。DESIGN 分命令要求进行完全 F 检验,结果(表 9.18)与上面表格中 F 检验的相同(表 9.17)。这一行也可省略。

第三行为:/DESIGN＝AUTONOMY WITHIN METHOD(1),AUTONOMY WITHIN METHOD(2)。此句代码要求进行 AUTONOMY 变量在 METHOD 变量 2 个水平上的简单效应检验。

程序书写完成后,点击句法编辑器菜单下方的三角图标 ▶,即可查看统计结果。统计结果如表 9.18 和表 9.19。

表 9.18

```
* * * * * Analysis of Variance * * * * *
    160 cases accepted.
     0 cases rejected because of out-of-range factor values.
     0 cases rejected because of missing data.
     8 non-empty cells.
     2 designs will be processed.
- - - - - - - - - - - - - - - - - - - - - - - - - - - - - - - - - - -
* * * * * Analysis of Variance—Design 1 * * *
Tests of Significance for Score using UNIQUE sums of squares
```

Source of Variation	SS	DF	MS	F	Sig of F
WITHIN CELLS	5610.50	152	36.91		
Method	57.60	1	57.60	1.56	.214
Autonomy	286.23	1	286.23	7.75	.006
Feedback	184.90	1	184.90	5.01	.027
Method BY Autonomy	136.90	1	136.90	3.71	.056
Method BY Feedback	9.03	1	9.03	.24	.622
Autonomy BY Feedback	3.60	1	3.60	.10	.755
Method BY Autonomy BY Feedback	.23	1	.23	.01	.938
(Model)	678.48	7	96.93	2.63	.014
(Total)	6288.98	159	39.55		
R-Squared=	.108				
Adjusted R-Squared=	.067				

表 9.18 显示的是 DESIGN 分命令进行的完全 F 检验,结果与表 9.17 中 F 检验的相同。

表 9.19 显示的是 AUTONOMY 变量在 METHOD 变量 2 个水平上的简单效应检验的结果。结果表明,AUTONOMY 在 METHOD(1)上简单效应不显著($F(1,2)=.36$,sig.=.547),而 AUTONOMY 在 METHOD(2)上具有显著简单效应($F(1,2)=10.96$,sig.=.001)。也就是说,自主学习因素只有在以听说领先的教学方式条件下,才具有显著效应。

下面对 Method 变量在 Autonomy 变量不同水平上的差异进行简单效应检验。我们在句法编辑器中写入并运行以下程序代码:

表 9.19

```
* * * * * A n a l y s i s   o f   V a r i a n c e—Design 2* * * *
Tests of Significance for Score using UNIQUE sums of squares
Source of Variation        SS          DF        MS           F         Sig of F

WITHIN+ RESIDUAL          5865.85      157       37.36
AUTONOMY WITHIN METH       13.61        1        13.61        .36        .547
OD(1)
AUTONOMY WITHIN METH      409.51        1       409.51      10.96        .001
OD(2)

(Model)                   423.13        2       211.56       5.66        .004
(Total)                  6288.98      159        39.55

R-Squared=                 .067
Adjusted R-Squared=        .055
- - - - - - - - - - - - - - - - - - - - - - - - - - - - - - - - - - - - - - -
```

```
MANOVA SCORE BY METHOD(1,2) AUTONOMY(1,2) FEEDBACK(1,2)
/DESIGN
/DESIGN= METHOD WITHIN AUTONOMY(1),METHOD WITHIN AUTONOMY (2)
```

简单效应检验结果如表 9.20：

表 9.20

```
* * * * A n a l y s i s   o f   V a r i a n c e—Design 2* * * * *
Tests of Significance for Score using UNIQUE sums of squares
Source of Variation        SS          DF        MS           F         Sig of F

WITHIN+ RESIDUAL          6094.48      157       38.82
METHOD WITHIN AUTONO        8.45        1         8.45        .22        .641
MY(1)
METHOD WITHIN AUTONO      186.05        1       186.05       4.79        .030
MY(2)

(Model)                   194.50        2        97.25       2.51        .085
(Total)                  6288.98      159        39.55

R-Squared=                 .031
Adjusted R-Squared=        .019
- - - - - - - - - - - - - - - - - - - - - - - - - - - - - - - - - - - - - - -
```

结果表明,METHOD 在 AUTONOMY(1)上简单效应不显著($F(1,2)=.22$, sig. $=.641$),而 METHOD 在 AUTONOMY(2)上具有显著简单效应($F(1,2)=4.79$, sig. $=.030$)。也就是说,以听说领先的教学方式只有在留出一定时间给学生自主学习在条件下,才具有显著效应。

综合以上统计结果,反馈因素(Feedback)具有显著主效应,即在给学生以积极反馈的条件下,学生的英语水平测试成绩显著高于不给学生以积极反馈条件下学生的英语水平测试成绩。Method * Autonomy 具有边缘交互效应,简单效应结果表明,以听说领先教学的课堂上,如果留出一定时间给学生自主学习会有助于学生英语水平的提高。而教学方式因素(Method)不具有显著主效应,即如果单独考虑教学方式因素,以阅读为主或以听说领先教学方式进行教学,学生的英语水平测试成绩没有显著差异。

本例中没有出现 Method * Autonomy * Feedback 的交互效应。如果研究中出现了三个因素间的交互效应,则我们需要进一步进行简单简单效应(Simple Simple Effect)检验,即检验某变量在其他二个因素交互条件下的效应是否显著。为了演示三因素完全随机设计时,如何在 SPSS 中进行简单简单效应和编写代码,我们编写了下面的简单简单效应检验代码,以进行 AUTONOMY 变量在 METHOD * FEEDBACK 各交互水平上的简单简单效应检验。

```
MANOVA SCORE BY METHOD(1,2) AUTONOMY(1,2) FEEDBACK(1,2)
/DESIGN
/DESIGN = AUTONOMY WITHIN METHOD(1) WITHIN FEEDBACK(1),
         AUTONOMY WITHIN METHOD(1) WITHIN FEEDBACK(2),
         AUTONOMY WITHIN METHOD(2) WITHIN FEEDBACK(1),
         AUTONOMY WITHIN METHOD(2) WITHIN FEEDBACK(2)
```

代码第一行和第二行与进行简单效应检验相同。首先书写 MANOVA 命令,然后分别定义因变量和自变量及其水平。可以看到,在 SPSS 中进行简单简单效应检验时也需要利用 MANOVA 命令编写代码。与上面相同,DESIGN 分命令可以省略,其结果与前面的完全 F 检验结果相同。

接下来一行为:/DESIGN = AUTONOMY WITHIN METHOD(1) WITHIN FEEDBACK(1)。此行要求进行 AUTONOMY 变量在 METHOD(1) * FEEDBACK(1)交互水平上的简单简单效应检验。下面三行与之类似,分别进行 AUTONOMY 变量在 METHOD(1) * FEEDBACK(2)、METHOD(2) * FEEDBACK(1)、METHOD(2) * FEEDBACK(2)交互水平上的简单简单效应检验。程序书写完成后,点击句法编辑器菜单下方的三角图标 ▶,即可查看统计结果。表 9.21 是简单简单效应检验的统计结果。

上表中的结果表明,AUTONOMY 变量在 METHOD(1) * FEEDBACK(1)和 METHOD(1) * FEEDBACK(2)交互水平上的简单简单效应不显著。而 AUTONOMY 变量在 METHOD(2) * FEEDBACK(1)、METHOD(2) * FEEDBACK(2)交互水平上的简单简单效应检验显著。

表 9.21

```
The default error term in MANOVA has been changed from WITHIN CELLS to
WITHIN+ RESIDUAL.Note that these are the same for all full factorial designs.

* * * * * Analysis  of  Variance—Design 2* * * *
Tests of Significance for Score using UNIQUE sums of squares
```

Source of Variation	SS	DF	MS	F	Sig of F
WITHIN+ RESIDUAL	5862.03	155	37.82		
AUTONOMY WITHIN METHOD(1) WITHIN FEEDBACK(1)	14.40	1	14.40	.38	.538
AUTONOMY WITHIN METHOD(1) WITHIN FEEDBACK(2)	2.03	1	2.03	.05	.817
AUTONOMY WITHIN METHOD(2) WITHIN FEEDBACK(1)	225.63	1	225.63	5.97	.016
AUTONOMY WITHIN METHOD(2) WITHIN FEEDBACK(2)	184.90	1	184.90	4.89	.028
(Model)	426.95	4	106.74	2.82	.027
(Total)	6288.98	159	39.55		
R-Squared=	.068				
Adjusted R-Squared=	.044				

9.6 练 习

（1）数据 anova_practice_between1.sav 为某单因素组间设计的数据。该因素包括三个水平，为三组被试参加某次测试的成绩。请使用方差分析统计三组被试成绩是否有显著差异。

（2）数据 anova_practice_between2.sav 为某 3×2 组间设计的数据。请使用方差分析三组统计分组因素和性别因素是否有主效应；是否有分组×性别的交互效应，如果有交互效应，请统计简单效应。

第 10 章
方差分析（组内设计）

第 9 章讨论了方差分析对于组间设计数据的处理方法。本章讨论方差分析对于组内设计数据的处理方法。

10.1 组间设计与组内设计

我们在讨论方差分析对于组内设计数据的处理方法之前，复习一下组间设计和组内设计的相同和不同之处。组内设计与组间设计的相同之处在于，二者都有一个或多个因变量，二者都有一个或多个自变量（每个自变量有两个或多个水平）。

组内设计与组间设计的不同之处如下。组间设计采用不同组被试来接受不同的实验处理，或者说，每一组被试只接受一个水平的处理；也就是说，每个自变量的不同水平构成的实验处理都使用不同组被试。如前文所述，组间设计要求将不同组被试完全随机地分配到不同实验条件接受实验处理，所以组间设计又称作完全随机测量或完全随机设计。

与之对应，组内设计采用同一组被试来接受所有的实验处理，或者说，每个自变量的不同水平构成的实验处理都使用同组被试。由于组内设计要求同一组被试重复接受不同水平的实验处理，所以组内设计又称作重复测量。

我们来看下面例子。假设我们研究影响外国留学生汉字识别的影响因素。我们控制两个自变量：汉字使用频率和汉字笔画数。其中，汉字使用频率控制在三个水平，即高频字、中频字和低频字；汉字笔画数也控制在三个水平，即笔画数为 1~8 的汉字、笔画数为 9~15 的汉字和笔画数为 16 以上的汉字。控制一个因变量，即留学生汉字识别的反应时。显然，此例为一个 3×3 设计的实验，共有 9 种实验处理的条件。

如果采用组间设计，每种实验处理条件采用一组被试，则需要 9 组被试。如果每组被试为 15 人，则我们需要 135 名被试。而如果采用组内设计，让同一组 30 名被试重复接受所有实验处理，则我们只需要 30 名被试。

如果只有一个因素（自变量），采用组间设计，则使用独立样本 T 检验或者单因素组间方差分析；采用组内设计，则使用配对样本 T 检验。如果有两个或多个因素（自变量），采用组间设计，则使用两因素或多因素组间方差分析；采用组内设计，则使用重复测量方差分析。

10.2 二因素重复测量

关于二因素重复测量,我们来看下面的例子。有学生反映,平时练习外语听力时,大多使用耳机,所以,在外语听力测试时,使用耳机的听力测试成绩可能好于使用大喇叭的听力测试成绩。另外,在听力测试之前先看一遍听力测试的题目有助于提高听力测试成绩。

我们设计了一个实验,研究使用不同听力设备和测试前是否阅读测试题目对于学生外语听力测试成绩的影响。这里,我们控制一个因变量,即外语听力测试成绩。控制两个自变量,即使用不同听力设备和测试前是否阅读测试题目。前者包括两个水平,即使用耳机和使用大喇叭。后者包括两个水平,即测试前阅读测试题目和测试开始后阅读测试题目。因此,此例为一个 2×2 设计的实验,共有四种实验条件。

实验在语言实验室环境中进行。测试题目均为多项选择题,在计算机屏幕上显示;被试使用计算机答题。每种实验条件的测试成绩为 20 分,测试成绩总分为 80 分。我们采用组内重复测量设计。某班共 32 名学生参加了该项测试。他们参加了所有四种实验条件下的听力测试。成绩如表 10.1(数据:ANOVA2.1.sav)。

表 10.1

使用大喇叭		使用耳机	
测试前阅读测试题目	测试开始后阅读测试题目	测试前阅读测试题目	测试开始后阅读测试题目
60	63	61	69
75	72	70	70
67	69	71	74
63	67	69	66
67	70	65	69
56	60	58	57
58	64	60	62
61	66	68	72
62	67	70	73
70	70	74	76
65	60	56	58
54	50	49	45
52	56	50	58
65	65	56	62
67	72	70	75

续表

使用大喇叭		使用耳机	
测试前阅读测试题目	测试开始后阅读测试题目	测试前阅读测试题目	测试开始后阅读测试题目
68	70	73	78
54	60	54	60
58	55	50	61
72	76	69	77
73	74	76	78
64	69	67	72
67	69	65	71
52	56	50	59
51	53	47	48
68	69	68	72
61	64	59	69
67	71	68	77
71	74	70	78
72	76	71	75
68	69	64	65
58	63	60	68
66	68	70	78
60	63	61	69
75	72	70	70
67	69	71	74
63	67	69	66
67	70	65	69
56	60	58	57

首先,在 SPSS 中输入数据。本例为 2×2 重复测量设计,共有四种实验处理条件,输入数据时,需将每种实验条件输入成单独一列,如图 10.1。我们将四种处理条件分别命名为:LSBefore,LSAfter,HPBefore,HPAfter。其中,LS 代表 Loud Speaker,即使用大喇叭;HP 代表 Head Phone,即使用耳机;Before 代表测试前阅读测试题目;After 代表测试开始后阅读测试题目。

然后在 SPSS 菜单栏中分别选择 Analyze-General Linear Model-Repeated Measures,如图 10.2。

ANOVA2.1.sav [DataSet1] - SPSS Statistics Data Editor
File Edit View Data Transform Analyze Graphs Utilities Add-ons Window Help
LSBefore LSAfter HPBefore HPAfter var
1 60 63 61 69
2 75 72 70 70
3 67 69 71 74
4 63 67 69 66
5 67 70 65 69
6 56 60 58 57
7 58 64 60 62
8 61 66 68 72
9 62 67 70 73
10 70 70 74 76
11 65 60 56 58
12 54 50 49 45
13 52 56 50 58
14 65 65 56 62
15 67 72 70 75
16 68 70 73 78
17 54 60 54 60
18 58 55 50 61
19 72 76 69 77
20 73 74 76 78
21 64 69 67 72
22 67 69 65 71
23 52 56 50 59
24 51 53 47 48
25 68 69 68 72
26 61 64 59 69
Data View Variable View

图 10.1

ANOVA2.1.sav [DataSet1] - SPSS Statistics Data Editor
File Edit View Data Transform Analyze Graphs Utilities Add-ons Window Help
Reports
Descriptive Statistics
Tables
RFM Analysis
Compare Means
General Linear Model
Generalized Linear Models
Mixed Models
Correlate
Regression
Loglinear
Neural Networks
Classify
Dimension Reduction
Scale
Nonparametric Tests
Forecasting
Survival
Multiple Response
Missing Value Analysis...
Multiple Imputation
Complex Samples
Quality Control
ROC Curve...
Univariate...
Multivariate...
Repeated Measures...
Variance Components...
LSBefore HPAfter var
Data View Variable View
Repeated Measures...

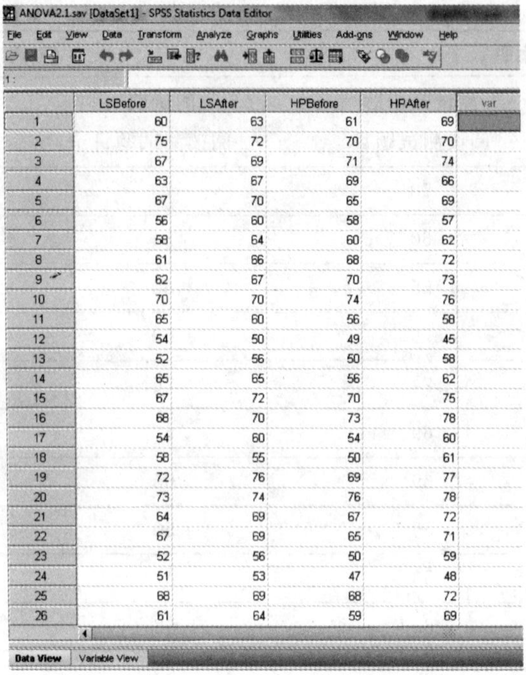

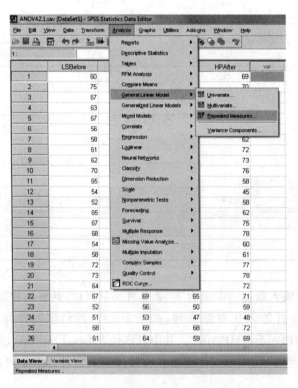

图 10.2

SPSS 程序会自动弹出图 10.3 对话框。

图 10.3 中 Within-Subject Factor Name 下面的空白位置要求输入因素(即自变量)名称。SPSS 缺省输入的因素名称为 factor1。Number of Levels 后面的空白位置要求输入因素的水平数目。

在为因素命名时,一般要求命名有一定意义,以方便研究人员查看。因此,这里我们将此例中的两个因素名称分别命名为 LSHP 和 BeforeAfter。我们首先在 Within-Subject Factor Name 下面的空白位置输入 LSHP,然后在 Number of Levels 后面的空白位置输入 2,点击下方的 Add;然后在 Within-Subject Factor Name 下面的空白位置输入 BeforeAfter,在 Number of Levels 后面的空白位置输入 2,再次点击下方的 Add。这时,对话框就会变成图 10.4 所示情形。最后点击下方的 Define。

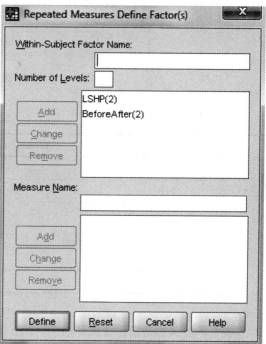

图 10.3　　　　　　　　　　　　图 10.4

SPSS 程序会弹出如图 10.5 对话框,要求我们定义实验处理条件。右方的三个空白位置要求我们分别定义被试内变量(Within-Subjects Variables)、被试间因素(Between-Subjects Factor(s))和协变量(Covariates)。本例中,所有因素为被试内变量,因此,我们通过点击向右的箭头,使左边的 LSBefore、LSAfter、HPBefore、HPAfter 依次进入被试内变量下方的空白位置,如图 10.5。接下来,点击 Options 按钮,勾选其中的 Descriptive Statistics,要求统计描述性统计结果。最后,点击 OK。

统计结果如表 10.2、表 10.3 和表 10.4。首先,结果显示被试内因素,如表 10.2。

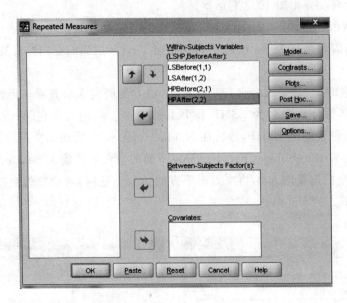

图 10.5

表 10.2

	Within-Subjects Factors	
	Measure:MEASURE_1	
LSHP	BeforeAfter	Dependent Variable
1	1	LSBefore
1	2	LSAfter
2	1	HPBefore
2	2	HPAfter

接下来显示的是描述性统计结果,如表 10.3。

表 10.3

Descriptive Statistics			
	Mean	Std. Deviation	N
LSBefore	63.50	6.658	32
LSAfter	65.84	6.730	32
HPBefore	63.38	8.292	32
HPAfter	67.88	8.757	32

再接下来显示几个推断性统计结果的表格。其中最重要的是 Tests of Within-Subjects Effects 表格,如表 10.4。

表 10.4

Tests of Within-Subjects Effects

Measure: MEASURE_1

Source		Type III Sum of Squares	DF	Mean Square	F	Sig.
LSHP	Sphericity Assumed	29.070	1	29.070	2.125	.155
	Greenhouse-Geisser	29.070	1.000	29.070	2.125	.155
	Huynh-Feldt	29.070	1.000	29.070	2.125	.155
	Lower-bound	29.070	1.000	29.070	2.125	.155
Error(LSHP)	Sphericity Assumed	424.180	31	13.683		
	Greenhouse-Geisser	424.180	31.000	13.683		
	Huynh-Feldt	424.180	31.000	13.683		
	Lower-bound	424.180	31.000	13.683		
BeforeAfter	Sphericity Assumed	374.695	1	374.695	54.391	.000
	Greenhouse-Geisser	374.695	1.000	374.695	54.391	.000
	Huynh-Feldt	374.695	1.000	374.695	54.391	.000
	Lower-bound	374.695	1.000	374.695	54.391	.000
Error(BeforeAfter)	Sphericity Assumed	213.555	31	6.889		
	Greenhouse-Geisser	213.555	31.000	6.889		
	Huynh-Feldt	213.555	31.000	6.889		
	Lower-bound	213.555	31.000	6.889		
LSHP * BeforeAfter	Sphericity Assumed	37.195	1	37.195	9.147	.005
	Greenhouse-Geisser	37.195	1.000	37.195	9.147	.005
	Huynh-Feldt	37.195	1.000	37.195	9.147	.005
	Lower-bound	37.195	1.000	37.195	9.147	.005
Error(LSHP * BeforeAfter)	Sphericity Assumed	126.055	31	4.066		
	Greenhouse-Geisser	126.055	31.000	4.066		
	Huynh-Feldt	126.055	31.000	4.066		
	Lower-bound	126.055	31.000	4.066		

从表 10.4 可知，LSHP 因素（即使用大喇叭还是使用耳机）没有主效应（$F(1,31)=2.125$, Sig.$=.155$），BeforeAfter 因素（即测试前还是测试开始后阅读测试题目）有主效应（$F(1,31)=54.391$, Sig.$=.000$），另外，LSHP * BeforeAfter 有交互效应（$F(1,31)=9.147$, Sig.$=.005$）。

由于出现了 LSHP * BeforeAfter 交互效应，我们需要进行进一步的简单效应检验。与被试间设计的例子一样，SPSS 中进行简单效应检验需要进行编程。首先，在菜单中依次选择 File—New—Syntax，如图 10.6。

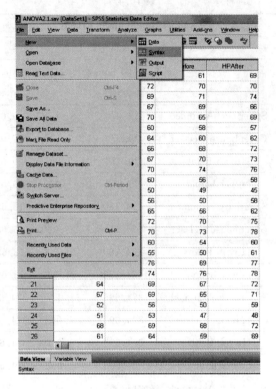

图 10.6

然后，在弹出的句法编辑器中输入如下程序，如图 10.7。

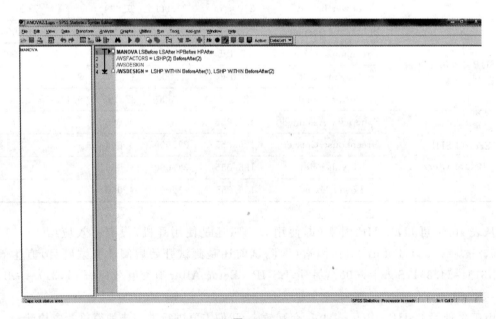

图 10.7

```
MANOVA LSBefore LSAfter HPBefore HPAfter
/WSFACTORS=LSHP(2) BeforeAfter(2)
/WSDESIGN
/WSDESIGN=  LSHP WITHIN BeforeAfter(1),LSHP WITHIN BeforeAfter(2)
```

程序第一行为:MANOVA LSBefore LSAfter HPBefore HPAfter。如前所述,SPSS 中进行简单效应检验需要使用 MANOVA 命令,所以首先书写 MANOVA。紧接在 MANOVA 命令后面的是四个变量的名称 LSBefore、LSAfter、HPBefore 和 HPAfter。

程序第二行为:/WSFACTORS=LSHP(2) BeforeAfter(2)。WSFACTORS 分命令定义被试内因素,WS 代表 Within Subjects。LSHP 和 BeforeAfter 为两个自变量的名称。LSHP(2) 表示 LSHP 自变量有 2 个水平,BeforeAfter(2) 表示 BeforeAfter 自变量有 2 个水平。

程序第三行为:/WSDESIGN,表示被试内设计。/WSDESIGN 完整的写法为:/WSDESIGN = LSHP, BeforeAfter, LSHP BY BeforeAfter。当然这里程序第三行/WSDESIGN 也可以省略。

程序第四行为:/WSDESIGN=LSHP WITHIN BeforeAfter(1),LSHP WITHIN BeforeAfter(2),要求进行简单效应检验,即:LSHP 自变量在 BeforeAfter 自变量 2 个水平上的简单效应检验。

程序书写完成后,点击句法编辑器菜单下方的三角图标 ▶,即可查看统计结果。统计结果如表 10.5 和表 10.6:

表 10.5

```
* * * * * A n a l y s i s   o f   V a r i a n c e * * * * *
     32 cases accepted.
     0 cases rejected because of out-of-range factor values.
     0 cases rejected because of missing data.
     1 non-empty cell.
     1 design will be processed.
- - - - - - - - - - - - - - - - - - - - - - - - - - - - - - - - - - - - - - - - -
* * * * * A n a l y s i s   o f   V a r i a n c e—Design   2* * * *
Tests of Between-Subjects Effects.
Tests of Significance for T1 using UNIQUE sums of squares
Source of Variation        SS           DF          MS          F          Sig of F
WITHIN+ RESIDUAL        6523.43        31         210.43
CONSTANT               543272.82        1       543272.82    2581.69       .000


- - - - - - - - - - - - - - - - - - - - - - - - - - - - - - - - - - - - - - - - -
```

表 10.6

```
* * * * * Analysis of Variance—Design 1* * * *

Tests involving 'LSHP WITHIN BEFOREAFTER(1)' Within-Subject Effect.
Tests of Significance for T2 using UNIQUE sums of squares
Source of Variation      SS         DF         MS         F          Sig of F

WITHIN+ RESIDUAL         300.75     31         9.70
LSHP WITHIN BEFOREAF     .25        1          .25        .03        .874
TER(1)
- - - - - - - - - - - - - - - - - - - - - - - - - - - - - - - - - - - - - -
* * * * * Analysis of Variance—Design 1* * * *

Tests involving 'LSHP WITHIN BEFOREAFTER(2)' Within-Subject Effect.
Tests of Significance for T3 using UNIQUE sums of squares
Source of Variation      SS         DF         MS         F          Sig of F
WITHIN+ RESIDUAL         249.48     31         8.05
LSHP WITHIN BEFOREAF     66.02      1          66.02      8.20       .007
TER(2)
- - - - - - - - - - - - - - - - - - - - - - - - - - - - - - - - - - - - - -
```

表 10.6 显示，LSHP 因素在 BeforeAfter 因素的第 2 个水平上有显著简单效应（$F(1,31)=8.20$, Sig.$=.007$）。也就是说，使用大喇叭还是使用耳机在测试开始后阅读测试题目水平上有显著差异。通过描述性统计结果可知，在测试开始后阅读测试题目条件下，使用大喇叭的听力测试成绩为 63.38，而使用耳机的听力测试成绩为 67.88。结合上述显著简单效应，在测试开始后阅读测试题目，使用耳机的听力测试成绩显著高于使用大喇叭的听力测试成绩。

总结以上统计结果，在听力测试时，测试开始前就阅读测试题目，无论使用耳机还是大喇叭，测试成绩无差异；而在测试开始后阅读测试题目，使用耳机的听力测试成绩显著高于使用大喇叭的听力测试成绩。

10.3 三因素重复测量

关于三因素重复测量，我们看下面的例子。假设我们研究以汉语为母语的英语学习者对于英语词汇搭配的掌握情况。被试为 30 名某大学非英语专业的二年级研究生。有三个自变量，一是搭配的频率（Frequency），二是搭配的语义透明度（Semantic Transparency），三是搭配的语体特征（Genre）。搭配的频率因素有 2 个水平，即高频率和低频率；搭配的语义透明度因素有 2 个水平，即语义透明和语义不透明；搭配的语体特征因素也有 2 个水平，即普通文本语体中的搭配和学术文本语体中的搭配。每个因素水平各有 30 个目标搭配要求被试进行判断，因此,每个因素水平条件下满分为30分。我们采用三因素被试内设计,因此,本例为2×2×2三因素被试内设计,共有8种交互实验条件。数据见表10.7(数据:ANOVA2.2.sav)。

F 代表频率因素,F1 为高频率,F2 为低频率;T 代表语义透明度因素,T1 为语义透明,T2 为语义不透明;G 代表语体特征因素,G1 为普通文本语体中的搭配,G2 为学术文本语体中的搭配。因此,我们将8种交互实验条件分别命名为 F1T1G1、F1T1G2、F1T2G1、F1T2G2、F2T1G1、F2T1G2、F2T2G1、F2T2G2。

表 10.7

F1T1G1	F1T1G2	F1T2G1	F1T2G2	F2T1G1	F2T1G2	F2T2G1	F2T2G2
20	19	16	15	22	17	17	14
28	22	18	16	26	20	20	16
26	25	22	20	27	24	15	19
24	20	16	15	22	21	24	10
27	28	25	24	25	26	16	21
18	17	15	15	19	19	9	11
16	13	10	12	18	12	11	9
20	21	19	16	22	19	20	12
22	21	18	17	21	20	19	13
25	20	18	16	24	22	17	15
26	22	19	14	27	21	19	14
25	23	20	18	22	24	21	17
17	15	13	10	18	18	14	8
19	16	15	12	19	17	14	10
24	23	22	19	23	22	20	18
23	24	21	19	24	25	20	17
27	26	24	21	25	28	22	20
16	14	12	10	17	16	11	9
15	13	13	11	14	12	12	7
12	10	10	9	14	12	9	7
26	24	22	18	25	22	21	16
24	23	22	19	16	21	22	18
21	21	18	16	20	20	16	12
18	15	13	11	17	14	12	10
19	16	15	12	20	17	16	11
24	22	20	19	22	21	18	15
22	21	20	19	21	20	19	18
21	20	19	17	20	22	17	16
17	15	11	9	19	17	10	10
22	19	16	14	21	18	17	12

首先，在SPSS中如表10.7格式输入数据。由于三个因素均为被试内因素，所以8种交互实验条件的数据分别输入成单独一列，如图10.8。

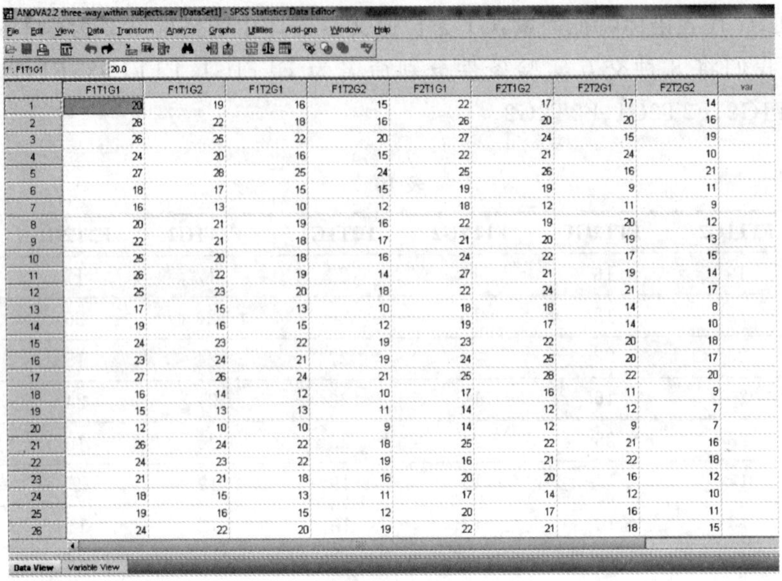

图10.8

然后，在SPSS菜单中依次选择Analyze—General Linear Model—Repeated Measures，如图10.9。

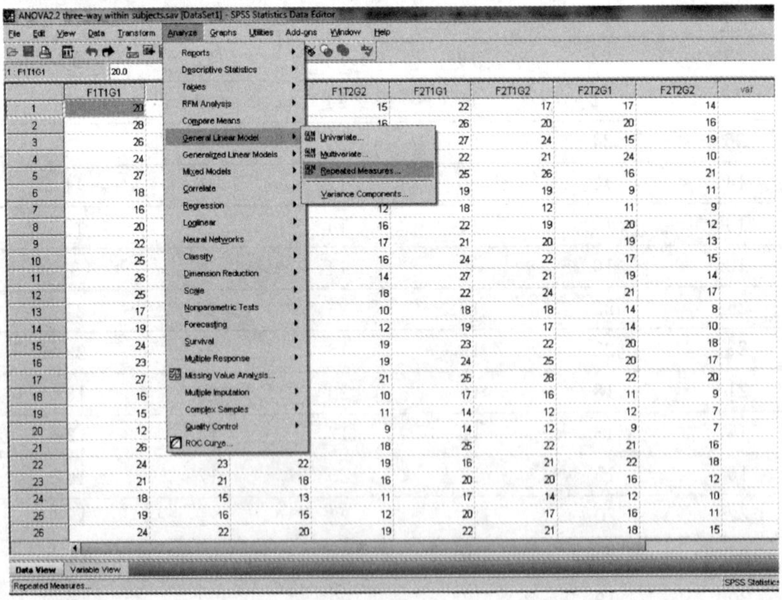

图10.9

接下来,需要在弹出的对话框中定义被试内变量的名称和水平数目,如图 10.10。首先,在 Within-Subject Factor Name 中输入 Frequency,在 Number of Levels 中输入 2,再点击 Add;然后,在 Within-Subject Factor Name 中输入 Transparency,在 Number of Levels 中输入 2,再点击 Add;最后,在 Within-Subject Factor Name 中输入 Genre,在 Number of Levels 中输入 2,再点击 Add。然后,点击下方的 Define。

在弹出的对话框中,依次将 F1T1G1、F1T1G2、F1T2G1、F1T2G2、F2T1G1、F2T1G2、F2T2G1、F2T2G2 变量移入右边的 Within-Subjects Variables 下面的空白位置。如图 10.11。然后,点击 Options 按钮,勾选其中的 Descriptive Statistics。最后,点击 OK 查看统计结果。

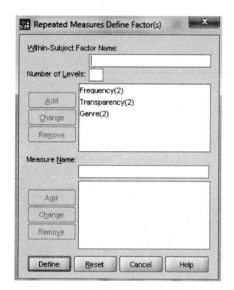

图 10.10

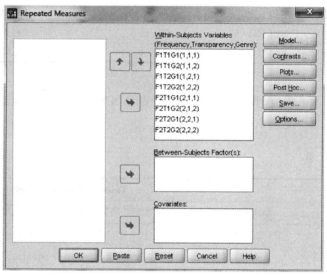

图 10.11

统计结果如表 10.8、表 10.9 和表 10.10。统计结果首先显示的是被试内因素的信息,见表 10.8。

表 10.8

Within-Subjects Factors				
Measure:MEASURE_1				
Frequency	Transparency	Genre	Dependent Variable
1	1	1	F1T1G1
		2	F1T1G2
	2	1	F1T2G1
		2	F1T2G2
2	1	1	F2T1G1
		2	F2T1G2
	2	1	F2T2G1
		2	F2T2G2

接下来显示的是描述性统计结果,见表 10.9。

表 10.9

	Descriptive Statistics		
	Mean	Std. Deviation	N
F1T1G1	21.47	4.117	30
F1T1G2	19.60	4.344	30
F1T2G1	17.40	4.107	30
F1T2G2	15.43	3.848	30
F2T1G1	21.00	3.523	30
F2T1G2	19.57	3.989	30
F2T2G1	16.60	4.149	30
F2T2G2	13.50	3.989	30

最后,我们查看 Tests of Within-Subjects Effects 表格,该表格显示的是 F 检验的统计结果。见表 10.10。

表 10.10

Tests of Within-Subjects Effects						
Measure:MEASURE_1						
Source		Type III Sum of Squares	df	Mean Square	F	Sig.
Frequency	Sphericity Assumed	39.204	1	39.204	15.975	.000
	Greenhouse-Geisser	39.204	1.000	39.204	15.975	.000
	Huynh-Feldt	39.204	1.000	39.204	15.975	.000
	Lower-bound	39.204	1.000	39.204	15.975	.000
Error(Frequency)	Sphericity Assumed	71.171	29	2.454		
	Greenhouse-Geisser	71.171	29.000	2.454		
	Huynh-Feldt	71.171	29.000	2.454		
	Lower-bound	71.171	29.000	2.454		
Transparency	Sphericity Assumed	1311.338	1	1311.338	315.493	.000
	Greenhouse-Geisser	1311.338	1.000	1311.338	315.493	.000
	Huynh-Feldt	1311.338	1.000	1311.338	315.493	.000
	Lower-bound	1311.338	1.000	1311.338	315.493	.000
Error(Transparency)	Sphericity Assumed	120.537	29	4.156		
	Greenhouse-Geisser	120.537	29.000	4.156		
	Huynh-Feldt	120.537	29.000	4.156		
	Lower-bound	120.537	29.000	4.156		

续表

Tests of Within-Subjects Effects

Measure: MEASURE_1

Source		Type III Sum of Squares	df	Mean Square	F	Sig.
Genre	Sphericity Assumed	262.504	1	262.504	60.003	.000
	Greenhouse-Geisser	262.504	1.000	262.504	60.003	.000
	Huynh-Feldt	262.504	1.000	262.504	60.003	.000
	Lower-bound	262.504	1.000	262.504	60.003	.000
Error(Genre)	Sphericity Assumed	126.871	29	4.375		
	Greenhouse-Geisser	126.871	29.000	4.375		
	Huynh-Feldt	126.871	29.000	4.375		
	Lower-bound	126.871	29.000	4.375		
Frequency * Transparency	Sphericity Assumed	18.704	1	18.704	8.136	.008
	Greenhouse-Geisser	18.704	1.000	18.704	8.136	.008
	Huynh-Feldt	18.704	1.000	18.704	8.136	.008
	Lower-bound	18.704	1.000	18.704	8.136	.008
Error (Frequency * Transparency)	Sphericity Assumed	66.671	29	2.299		
	Greenhouse-Geisser	66.671	29.000	2.299		
	Huynh-Feldt	66.671	29.000	2.299		
	Lower-bound	66.671	29.000	2.299		
Frequency * Genre	Sphericity Assumed	1.838	1	1.838	.918	.346
	Greenhouse-Geisser	1.838	1.000	1.838	.918	.346
	Huynh-Feldt	1.838	1.000	1.838	.918	.346
	Lower-bound	1.838	1.000	1.838	.918	.346
Error (Frequency * Genre)	Sphericity Assumed	58.038	29	2.001		
	Greenhouse-Geisser	58.038	29.000	2.001		
	Huynh-Feldt	58.038	29.000	2.001		
	Lower-bound	58.038	29.000	2.001		
Transparency * Genre	Sphericity Assumed	11.704	1	11.704	3.872	.059
	Greenhouse-Geisser	11.704	1.000	11.704	3.872	.059
	Huynh-Feldt	11.704	1.000	11.704	3.872	.059
	Lower-bound	11.704	1.000	11.704	3.872	.059
Error (Transparency * Genre)	Sphericity Assumed	87.671	29	3.023		
	Greenhouse-Geisser	87.671	29.000	3.023		
	Huynh-Feldt	87.671	29.000	3.023		
	Lower-bound	87.671	29.000	3.023		

续表

Tests of Within-Subjects Effects

Measure: MEASURE_1

Source		Type III Sum of Squares	df	Mean Square	F	Sig.
Frequency * Transparency * Genre	Sphericity Assumed	9.204	1	9.204	4.259	.048
	Greenhouse-Geisser	9.204	1.000	9.204	4.259	.048
	Huynh-Feldt	9.204	1.000	9.204	4.259	.048
	Lower-bound	9.204	1.000	9.204	4.259	.048
Error (Frequency * Transparency * Genre)	Sphericity Assumed	62.671	29	2.161		
	Greenhouse-Geisser	62.671	29.000	2.161		
	Huynh-Feldt	62.671	29.000	2.161		
	Lower-bound	62.671	29.000	2.161		

结果表明,Frequency 因素具有显著主效应($F(1,29)=15.975$, Sig. $=.000$),Transparency 因素具有显著主效应($F(1,29)=315.493$, Sig. $=.000$),Genre 因素也具有显著主效应($F(1,29)=60.003$, Sig. $=.000$)。Frequency * Transparency 具有显著交互效应($F(1,29)=8.136$, Sig. $=.008$),Transparency * Genre 具有边缘交互效应($F(1,29)=3.872$, Sig. $=.059$)。更重要的是,Frequency * Transparency * Genre 具有显著交互效应($F(1,29)=4.259$, Sig. $=.048$)。

上述结果说明,虽然三个因素均具有显著主效应,但是由于出现了二重交互效应(Frequency * Transparency 以及 Transparency * Genre 交互效应)和三重交互效应(Frequency * Transparency * Genre 交互效应),说明某个因素如何产生效应,或者说,某个因素如何起作用,受其他因素的影响。因此,我们需要进行进一步的简单简单效应检验。

首先,在菜单中依次选择 File—New—Syntax,如图 10.12。

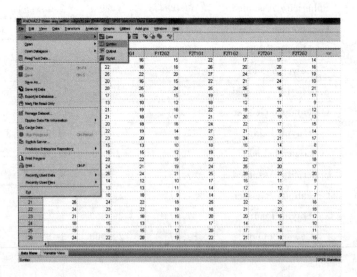

图 10.12

然后，在弹出的句法编辑器中输入如下程序代码，如图10.13。

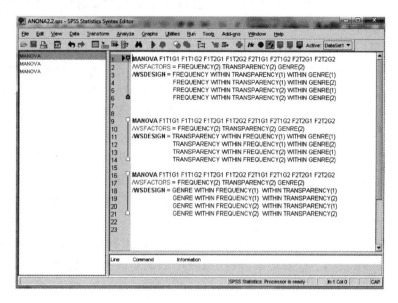

图 10.13

```
MANOVA F1T1G1 F1T1G2 F1T2G1 F1T2G2 F2T1G1 F2T1G2 F2T2G1 F2T2G2
/WSFACTORS=FREQUENCY(2) TRANSPARENCY(2) GENRE(2)
/WSDESIGN=FREQUENCY WITHIN TRANSPARENCY(1) WITHIN GENRE(1)
        FREQUENCY WITHIN TRANSPARENCY(1) WITHIN GENRE(2)
        FREQUENCY WITHIN TRANSPARENCY(2) WITHIN GENRE(1)
FREQUENCY WITHIN TRANSPARENCY(2) WITHIN GENRE(2)

MANOVA F1T1G1 F1T1G2 F1T2G1 F1T2G2 F2T1G1 F2T1G2 F2T2G1 F2T2G2
/WSFACTORS=FREQUENCY(2) TRANSPARENCY(2) GENRE(2)
/WSDESIGN=TRANSPARENCY WITHIN FREQUENCY(1) WITHIN GENRE(1)
        TRANSPARENCY WITHIN FREQUENCY(1) WITHIN GENRE(2)
        TRANSPARENCY WITHIN FREQUENCY(2) WITHIN GENRE(1)
        TRANSPARENCY WITHIN FREQUENCY(2) WITHIN GENRE(2)

MANOVA F1T1G1 F1T1G2 F1T2G1 F1T2G2 F2T1G1 F2T1G2 F2T2G1 F2T2G2
/WSFACTORS=FREQUENCY(2) TRANSPARENCY(2) GENRE(2)
/WSDESIGN=GENRE WITHIN FREQUENCY(1)   WITHIN TRANSPARENCY(1)
        GENRE WITHIN FREQUENCY(1)   WITHIN TRANSPARENCY(2)
        GENRE WITHIN FREQUENCY(2)   WITHIN TRANSPARENCY(1)
        GENRE WITHIN FREQUENCY(2)   WITHIN TRANSPARENCY(2)
```

程序代码分为三个部分,分别进行 Frequency、Transparency 和 Genre 因素在其他两个因素各水平交互条件下的简单简单效应检验。当然,我们也可以根据研究兴趣和理论取向,只进行某一个或两个因素的简单简单效应检验。我们进行了三个因素的简单简单效应检验。

程序代码的第一行和第二行均相同。第一行为:MANOVA F1T1G1 F1T1G2 F1T2G1 F1T2G2 F2T1G1 F2T1G2 F2T2G1 F2T2G2。SPSS 中进行简单简单效应检验需要使用 MANOVA 命令,所以首先书写 MANOVA 命令。紧接在 MANOVA 命令后面的是 8 种水平交互条件的名称:F1T1G1、F1T1G2、F1T2G1、F1T2G2、F2T1G1、F2T1G2、F2T2G1、F2T2G2。

程序第二行为:/WSFACTORS = FREQUENCY(2) TRANSPARENCY(2) GENRE(2)。与简单效应检验相同,简单简单效应检验也使用 WSFACTORS 分命令来定义被试内因素。FREQUENCY、TRANSPARENCY 和 GENRE 分别为三个因素的名称。后面的(2)表示三个因素均有 2 个水平。

程序第一部分的第三行为:/WSDESIGN = FREQUENCY WITHIN TRANSPARENCY(1) WITHIN GENRE(1)。这里要求进行 FREQUENCY 因素在 TRANSPARENCY(1) * GENRE(1) 交互条件下的简单简单效应检验。其他各句代码与之类似,分别进行 FREQUENCY 因素在其他交互条件下的简单简单效应检验。

程序第二和第三部分代码与第一部分基本类似,分别进行 TRANSPARENCY 和 GENRE 因素在其他两个因素各水平交互条件下的简单简单效应检验。

程序书写完成后,我们分别执行三个部分的程序代码。首先将光标移到程序的第一部分的起始位置,然后点击句法编辑器菜单下方的三角图标 ▶,即可查看 FREQUENCY 因素的简单简单效应检验统计结果。统计结果如表 10.11:

表 10.11

```
* * * * *Analysis  of  Variance* * * * * * * * * * *
      30 cases accepted.
      0 cases rejected because of out-of-range factor values.
      0 cases rejected because of missing data.
      1 non-empty cell.
      1 design will be processed.
- - - - - - - - - - - - - - - - - - - - - - - - - - - - - - - - - - - - - -
* * * *Analysis  of  Variance—Design  1* * * * *
Tests of Between-Subjects Effects.

Tests of Significance for T1 using UNIQUE sums of squares
Source of Variation          SS          DF        MS           F        Sig of F
WITHIN+ RESIDUAL           3145.67       29      108.47
CONSTANT                  78373.20        1    78373.20      722.52     .000
- - - - - - - - - - - - - - - - - - - - - - - - - - - - - - - - - - - - - -
```

续表

* * * * * A n a l y s i s   o f   V a r i a n c e—Design 1* * * *

Tests involving 'FREQUENCY WITHIN TRANSPARENCY (1) WITHIN GENRE (1)' Within-Subject Effect.

Tests of Significance for T2 using UNIQUE sums of squares

Source of Variation	SS	DF	MS	F	Sig of F
WITHIN+ RESIDUAL	61.73	29	2.13		
FREQUENCY WITHIN TRANSPARENCY(1) WITHIN GENRE(1)	3.27	1	3.27	1.53	.225

- -

* * * * A n a l y s i s   o f   V a r i a n c e—Design 1* * * *

Tests involving 'FREQUENCY WITHIN TRANSPARENCY (1) WITHIN GENRE (2)' Within-Subject Effect.

Tests of Significance for T3 using UNIQUE sums of squares

Source of Variation	SS	DF	MS	F	Sig of F
WITHIN+ RESIDUAL	38.48	29	1.33		
FREQUENCY WITHIN TRANSPARENCY(1) WITHIN GENRE(2)	.02	1	.02	.01	.912

- -

* * * * A n a l y s i s   o f   V a r i a n c e—Design 1* * * *

Tests involving 'FREQUENCY WITHIN TRANSPARENCY (2) WITHIN GENRE (1)' Within-Subject Effect.

Tests of Significance for T4 using UNIQUE sums of squares

Source of Variation	SS	DF	MS	F	Sig of F
WITHIN+ RESIDUAL	126.40	29	4.36		
FREQUENCY WITHIN TRANSPARENCY(2) WITHIN GENRE(1)	9.60	1	9.60	2.20	.149

续表

```
- - - - - - - - - - - - - - - - - - - - - - - - - - - - - - - - - - - - - - - - -

* * * * A n a l y s i s   o f   V a r i a n c e—Design 1* * * *
Tests involving 'FREQUENCY WITHIN TRANSPARENCY (2) WITHIN GENRE (2)' Within-Subject
Effect.

Tests of Significance for T5 using UNIQUE sums of squares
Source of Variation        SS         DF        MS         F         Sig of F
WITHIN+ RESIDUAL          31.93       29       1.10
FREQUENCY WITHIN TRA      56.07        1      56.07       50.92       .000
NSPARENCY(2) WITHIN
GENRE(2)

- - - - - - - - - - - - - - - - - - - - - - - - - - - - - - - - - - - - - - - - -
```

上面的简单简单效应检验结果显示,频率因素在语义不透明和学术文本语体的条件下具有简单简单效应显著。也就是说,词汇搭配的频率因素对于学生在学术文本语体中掌握语义不透明的搭配具有显著意义。然后,将光标移到程序的第二部分的起始位置,然后点击句法编辑器菜单下方的三角图标▶,查看TRANSPARENCY因素的简单简单效应检验统计结果。统计结果如表10.12:

表10.12

```
* * * * * * * * A n a l y s i s   o f   V a r i a n c e* * * * * * *
        30 cases accepted.
        0 cases rejected because of out-of-range factor values.
        0 cases rejected because of missing data.
        1 non-empty cell.
        1 design will be processed.
- - - - - - - - - - - - - - - - - - - - - - - - - - - - - - - - - - - - - - - - -


* * * * A n a l y s i s   o f   V a r i a n c e—Design 1* * * * *

Tests of Between-Subjects Effects.

Tests of Significance for T1 using UNIQUE sums of squares
Source of Variation        SS         DF        MS         F         Sig of F
WITHIN+ RESIDUAL        3145.67       29      108.47
CONSTANT               78373.20        1    78373.20      722.52       .000
- - - - - - - - - - - - - - - - - - - - - - - - - - - - - - - - - - - - - - - - -
```

续表

* * * * * Analysis of Variance—Design 1* * * *

Tests involving 'TRANSPARENCY WITHIN FREQUENCY (1) WITHIN GENRE (1)' Within-Subject Effect.

Tests of Significance for T2 using UNIQUE sums of squares

Source of Variation	SS	DF	MS	F	Sig of F
WITHIN+ RESIDUAL	63.93	29	2.20		
TRANSPARENCY WITHIN FREQUENCY(1) WITHIN GENRE(1)	248.07	1	248.07	112.52	.000

----

* * * * * Analysis of Variance—Design 1* * * *

Tests involving 'TRANSPARENCY WITHIN FREQUENCY (1) WITHIN GENRE (2)' Within-Subject Effect.

Tests of Significance for T3 using UNIQUE sums of squares

Source of Variation	SS	DF	MS	F	Sig of F
WITHIN+ RESIDUAL	34.08	29	1.18		
TRANSPARENCY WITHIN FREQUENCY(1) WITHIN GENRE(2)	260.42	1	260.42	221.58	.000

----

* * * * * Analysis of Variance—Design 1* * * *

Tests involving 'TRANSPARENCY WITHIN FREQUENCY (2) WITHIN GENRE (1)' Within-Subject Effect.

Tests of Significance for T4 using UNIQUE sums of squares

Source of Variation	SS	DF	MS	F	Sig of F
WITHIN+ RESIDUAL	177.60	29	6.12		
TRANSPARENCY WITHIN FREQUENCY(2) WITHIN GENRE(1)	290.40	1	290.40	47.42	.000

```
* * * * * Analysis of Variance—Design 1* * * *

Tests involving 'TRANSPARENCY WITHIN FREQUENCY (2) WITHIN GENRE (2)' Within-Subject
Effect.

Tests of Significance for T5 using UNIQUE sums of squares
Source of Variation        SS         DF        MS         F         Sig of F
WITHIN+ RESIDUAL           61.93      29        2.14
TRANSPARENCY WITHIN        552.07     1         552.07     258.50    .000
FREQUENCY(2) WITHIN
GENRE(2)
- - - - - - - - - - - - - - - - - - - - - - - - - - - - - - - - - - - - - - -
```

上面的简单简单效应检验结果表明,语义透明度因素在频率因素*语体特征因素个交互条件下均具有显著的简单简单效应,说明语义透明度因素具有主效应,即语义透明度对于学生掌握词汇的搭配具有显著意义。最后,将光标移到程序的第三部分的起始位置,然后点击句法编辑器菜单下方的三角图标▶,查看 GENRE 因素的简单简单效应检验统计结果。统计结果如表10.13:

表 10.13

```
* * * * * * * * * Analysis of Variance* * * * * * *
        30 cases accepted.
        0 cases rejected because of out-of-range factor values.
        0 cases rejected because of missing data.
        1 non-empty cell.
        1 design will be processed.
- - - - - - - - - - - - - - - - - - - - - - - - - - - - - - - - - - - - - - -

* * * * * Analysis of Variance—Design 1* * * *

Tests of Between-Subjects Effects.

Tests of Significance for T1 using UNIQUE sums of squares
Source of Variation        SS         DF        MS         F         Sig of F
WITHIN+ RESIDUAL           3145.67    29        108.47
CONSTANT                   78373.20   1         78373.20   722.52    .000
- - - - - - - - - - - - - - - - - - - - - - - - - - - - - - - - - - - - - - -
```

****Analysis of Variance—Design 1*****

Tests involving 'GENRE WITHIN FREQUENCY (1) WITHIN TRANSPARENCY (1)' Within-Subject Effect.

Tests of Significance for T2 using UNIQUE sums of squares

Source of Variation	SS	DF	MS	F	Sig of F
WITHIN+ RESIDUAL	38.73	29	1.34		
GENRE WITHIN FREQUENCY(1) WITHIN TRANSPARENCY(1)	52.27	1	52.27	39.13	.000

- -

*****Analysis of Variance—Design 1****

Tests involving 'GENRE WITHIN FREQUENCY (1) WITHIN TRANSPARENCY (2)' Within-Subject Effect.

Tests of Significance for T3 using UNIQUE sums of squares

Source of Variation	SS	DF	MS	F	Sig of F
WITHIN+ RESIDUAL	23.48	29	.81		
GENRE WITHIN FREQUENCY(1) WITHIN TRANSPARENCY(2)	58.02	1	58.02	71.65	.000

- -

****Analysis of Variance—Design 1*****

Tests involving 'GENRE WITHIN FREQUENCY (2) WITHIN TRANSPARENCY (1)' Within-Subject Effect.

Tests of Significance for T4 using UNIQUE sums of squares

Source of Variation	SS	DF	MS	F	Sig of F
WITHIN+ RESIDUAL	97.68	29	3.37		
GENRE WITHIN FREQUENCY(2) WITHIN TRANSPARENCY(1)	30.82	1	30.82	9.15	.005

- -

****Analysis of Variance—Design 1*****

续表

```
Tests involving 'GENRE WITHIN FREQUENCY (2) WITHIN TRANSPARENCY (2)' Within-Subject
Effect.

Tests of Significance for T5 using UNIQUE sums of squares
Source of Variation        SS          DF         MS          F         Sig of F
WITHIN+ RESIDUAL          175.35       29         6.05
GENRE WITHIN FREQUEN      144.15        1         144.15      23.84      .000
CY(2) WITHIN TRANSPA
RENCY(2)
- - - - - - - - - - - - - - - - - - - - - - - - - - - - - - - - - - - - - - - -
```

  上面的简单简单效应检验结果表明,语体特征因素在频率因素*语义透明度因素交互条件下均具有显著的简单简单效应,说明语体特征因素具有显著主效应,即语体特征因素对于学生掌握词汇搭配具有显著意义。

  综合以上分析,语体特征因素和语义透明度因素对于学生掌握词汇搭配具有显著意义;而频率因素只有在语义不透明和学术文本语体的条件下具有显著效应,即词汇搭配的频率因素对于学生在学术文本语体中掌握语义不透明的搭配具有显著意义。

10.4 练 习

  数据 anova_practice_within.sav 为一个 2×2 组内设计研究的数据。该研究包括 A 和 B 两个因素,各有 2 个水平。请使用方差分析统计是否有 A 和 B 的主效应;是否有 A×B 的交互效应。如果有交互效应,请统计其简单效应。

第 11 章
方差分析（混合设计）

第 10 章讨论方差分析对于组内设计数据的处理方法。本章讨论方差分析对于混合设计数据的处理方法。

11.1 二因素混合设计

我们来看一个二因素混合设计的例子。假设我们研究在美国就读大学的中国学生的英语语音标准程度。有人认为，外国留学生的英语语音受到美国就读年龄的影响，到美国就读时年龄越小，其英语语音越标准。另外，英语语音的标准程度还受说话时的语境影响。在课堂语境下，学生的发音较为标准；而在与同学自由交谈语境下，学生的发音则没有在课堂环境下标准。

为了验证上述假设，我们选取了 40 名在美国就读大学的中国学生作为被试进行研究。其中，20 名学生从高中起就在美国就读、并且现在正在美国读大学，另外 20 名学生在中国读完高中后才到美国读大学。我们选取了每位学生在课堂语境下及与同学自由交谈语境下的录音，请在美国某大学执教的以英语为母语的二位教授就英语语音的标准程度为每份录音进行评分，总分为 30 分，取二位教授的平均分作为每位学生的英语语音成绩（见表 11.1，数据：ANOVA 3.1.sav）。

显然，此例中的因变量为学生的英语语音成绩。有两个因素（自变量），分别为到美国就读的年龄（以下简称"年龄因素"）和语境。其中，年龄因素为被试间变量，语境因素为被试内变量，它们均有二个水平。因此，此例为一个 2×2 混合设计的实验。

我们将年龄因素命名为 Age，1 代表从高中起就在美国就读的学生，2 代表在中国读完高中后才到美国读大学的学生。将语境因素命名为 Context，Context 1 代表课堂语境，Context 2 代表与同学自由交谈语境。

首先，在 SPSS 中输入数据。由于 Age 为被试间变量，因此 Age 变量的所有数据应输入到一列中；而 Context 变量为被试内重复测量数据，因此 Context 的 2 个水平的数据（Context 1 和 Context 2）分别输入为一列。见图 11.1。

表 11.1

Age	Context1	Context2	Age	Context1	Context2
1	25	24	2	24	23
1	27	25	2	22	20
1	22	22	2	19	19
1	20	19	2	16	17
1	18	19	2	19	16
1	28	26	2	18	17
1	27	26	2	20	18
1	24	22	2	23	22
1	23	24	2	25	24
1	26	25	2	16	15
1	29	28	2	18	19
1	19	20	2	19	18
1	22	21	2	20	21
1	20	22	2	22	19
1	27	26	2	27	26
1	25	27	2	20	17
1	22	20	2	22	21
1	20	21	2	16	15
1	19	18	2	23	20
1	26	27	2	20	18

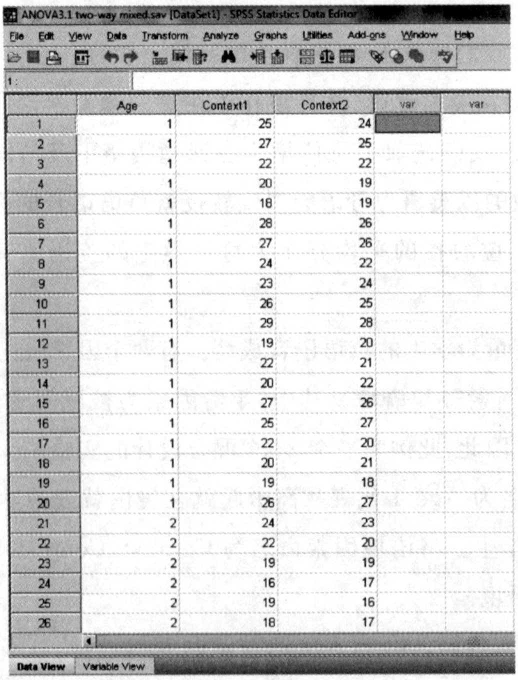

图 11.1

然后在 SPSS 菜单栏中分别选择 Analyze—General Linear Model—Repeated Measures，如图 11.2。

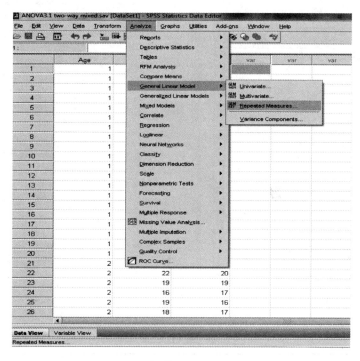

图 11.2

接下来，在弹出的对话框中设置被试内因素的名称和水平。在 Within-Subject Factor Name 下面的空白处输入 Context，在 Number of Levels 右边的空白处输入 2。然后，点击 Add，如图 11.3。再点击对话框下方的 Define。

接下来需要定义被试内因素和被试间因素。在弹出的对话框中，将左侧的 Context 1 和 Context 2 依次移入右侧的 Within-Subjects Variables 下面的空白位置，将左侧的 Age 移入 Between-Subjects Factor(s)下面的空白位置。如图 11.4。另外，点击 Options 按钮，勾选其中的 Descriptive Statistics。最后，点击 OK，即可查看统计结果。

统计结果如表 11.2、表 11.3、表 11.4、表 11.5 和表 11.6。统计结果首先显示的是被试内和被试间变量的信息，如表 11.2 和表 11.3 所示。

表 11.2

Within-Subjects Factors	
Measure：MEASURE_1	
Context	Dependent Variable
1	Context1
2	Context2

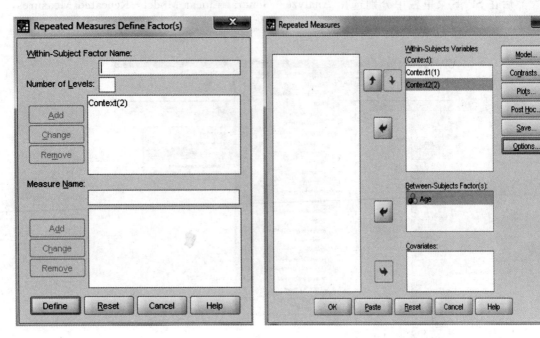

图 11.3　　　　　　　　　　　　图 11.4

表 11.3

Between-Subjects Factors		
		N
Age	1	20
	2	20

接下来显示的是描述性统计结果,如表 11.4。

表 11.4

Descriptive Statistics				
	Age	Mean	Std. Deviation	N
Context1	1	23.45	3.395	20
	2	20.45	3.034	20
	Total	21.95	3.522	40
Context2	1	23.10	3.076	20
	2	19.25	2.936	20
	Total	21.18	3.551	40

然后,查看 Tests of Within-Subjects Effects 表格(表 11.5)。该表格显示的是被试内变量 Context 的主效应和 Context * Age 的交互效应的信息。结果显示,Context 有显著主效应($F(1,38)=13.885$, Sig. $=.001$),同时,Context * Age 有显著交互效应($F(1,38)=4.176$, Sig. $=.048$)。

表 11.5

	Tests of Within-Subjects Effects					
	Measure: MEASURE_1					
Source		Type III Sum of Squares	df	Mean Square	F	Sig.
Context	Sphericity Assumed	12.013	1	12.013	13.885	.001
	Greenhouse-Geisser	12.013	1.000	12.013	13.885	.001
	Huynh-Feldt	12.013	1.000	12.013	13.885	.001
	Lower-bound	12.013	1.000	12.013	13.885	.001
Context * Age	Sphericity Assumed	3.612	1	3.612	4.176	.048
	Greenhouse-Geisser	3.612	1.000	3.612	4.176	.048
	Huynh-Feldt	3.612	1.000	3.612	4.176	.048
	Lower-bound	3.612	1.000	3.612	4.176	.048
Error(Context)	Sphericity Assumed	32.875	38	.865		
	Greenhouse-Geisser	32.875	38.000	.865		
	Huynh-Feldt	32.875	38.000	.865		
	Lower-bound	32.875	38.000	.865		

接下来查看 Tests of Between-Subjects Effects 表格(表 11.6),该表格显示的是被试间变量 Age 的主效应信息。结果显示,Age 有显著主效应($F(1,38)=12.653$, Sig. $=.001$)。

表 11.6

Tests of Between-Subjects Effects					
Measure: MEASURE_1					
Transformed Variable: Average					
Source	Type III Sum of Squares	df	Mean Square	F	Sig.
Intercept	37195.313	1	37195.313	2006.063	.000
Age	234.613	1	234.613	12.653	.001
Error	704.575	38	18.541		

由于出现了 Context * Age 的显著交互效应，接下来我们进行简单效应检验。首先，在菜单中依次选择 File—New—Syntax，打开句法编辑器。如图 11.5。

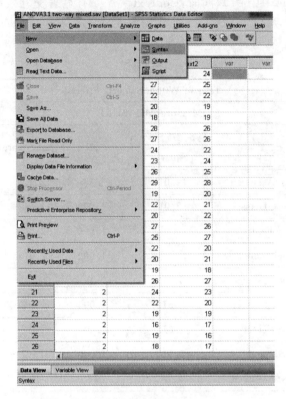

图 11.5

在句法编辑器中输入下面的程序，如图 11.6。

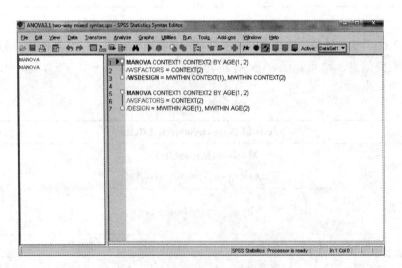

图 11.6

```
MANOVA CONTEXT1 CONTEXT2 BY AGE(1,2)
/WSFACTORS=CONTEXT(2)
/WSDESIGN=MWITHIN CONTEXT(1),MWITHIN CONTEXT(2)


MANOVA CONTEXT1 CONTEXT2 BY AGE(1,2)
/WSFACTORS=CONTEXT(2)
/DESIGN=MWITHIN AGE(1),MWITHIN AGE(2)
```

由于前面 ANOVA 统计结果显示,Context 变量和 Age 变量均存在显著主效应,并且 Context * Age 存在显著交互效应,所以我们分别对 Age 变量在 Context 变量 2 个水平上的简单效应以及 Context 变量在 Age 变量 2 个水平上的简单效应进行检验。

上面的程序分为两个部分,第一部分进行 Age 变量在 Context 变量 2 个水平上的简单效应检验,第二部分进行 Context 变量在 Age 变量 2 个水平上的简单效应。

先看第一部分。第一行程序为:MANOVA CONTEXT1 CONTEXT2 BY AGE(1,2)。如前所述,进行简单效应检验需要使用 MANOVA 命令,因此我们首先书写 MANOVA。接下来是被试内变量 CONTEXT 的 2 个水平 CONTEXT 1 和 CONTEXT 2 的名称。然后,用 BY 关键词连接被试间变量 AGE,AGE 后面的(1,2)表示 AGE 变量有 2 个水平,在数据输入时分别使用 1 和 2 表示这 2 个水平。

程序第二行为:/WSFACTORS=CONTEXT(2)。和前文的被试内设计的简单效应检验一样,使用 WSFACTORS 分命令,WSFACTORS 表示被试内因素(Within-Subjects Factors)。等号右边为被试内因素的名称 CONTEXT,CONTEXT 后面的(2)表示 CONTEXT 变量有 2 个水平。

程序第三行为:/WSDESIGN=MWITHIN CONTEXT(1),MWITHIN CONTEXT(2)。此行要求进行 AGE 变量在 CONTEXT 变量 2 个水平上进行简单效应检验。注意:由于 CONTEXT 变量是被试内变量,所以使用 WSDESIGN 分命令,表示被试内设计,而不使用 DESIGN 分命令(DESIGN 分命令适用于被试间变量)。

程序第二部分的第一行和第二行与第一部分完全相同。

第三行为:/DESIGN = MWITHIN AGE(1),MWITHIN AGE(2)。此行要求进行 CONTEXT 变量在 AGE 变量 2 个水平上进行简单效应检验。注意:AGE 变量是被试间变量,所以使用 DESIGN 分命令,而不是 WSDESIGN 分命令。

我们首先运行程序第一部分。将光标移动到程序第一部分的起始位置,然后点击 ▶ 按钮,即可运行程序的第一部分。结果如表 11.7。

表 11.7

```
* * * * * Analysis of Variance * * * *
    40 cases accepted.
    0 cases rejected because of out-of-range factor values.
    0 cases rejected because of missing data.
    2 non-empty cells.
    1 design will be processed.
- - - - - - - - - - - - - - - - - - - - - - - - - - - - - - - - - - - - - - -
  * * * * Analysis of Variance—Design 1 * * * *

Tests involving 'MWITHIN CONTEXT(1)' Within-Subject Effect.

Tests of Significance for T1 using UNIQUE sums of squares
Source of Variation         SS          DF        MS          F          Sig of F
WITHIN+ RESIDUAL            393.90      38        10.37
MWITHIN CONTEXT(1)          19272.10    1         19272.10    1859.20    .000
Age BY MWITHIN CONTE        90.00       1         90.00       8.68       .005
XT(1)
- - - - - - - - - - - - - - - - - - - - - - - - - - - - - - - - - - - - - - -

* * * * * Analysis of Variance—Design 1 * * * *

Tests involving 'MWITHIN CONTEXT(2)' Within-Subject Effect.

Tests of Significance for T2 using UNIQUE sums of squares
Source of Variation         SS          DF        MS          F          Sig of F
WITHIN+ RESIDUAL            343.55      38        9.04
MWITHIN CONTEXT(2)          17935.23    1         17935.23    1983.81    .000
Age BY MWITHIN CONTE        148.23      1         148.23      16.40      .000
XT(2)
- - - - - - - - - - - - - - - - - - - - - - - - - - - - - - - - - - - - - - -
```

结果显示,AGE 变量在 CONTEXT(1)水平上具有显著简单效应($F(1,38)=8.68$, Sig. $=.005$),AGE 变量在 CONTEXT(2)水平上具有显著简单效应($F(1,38)=16.40$, Sig. $=.000$)。

接下来,我们首先运行程序第二部分。将光标移动到程序第二部分的起始位置,然后点击 ▶ 按钮,即可运行程序的第二部分。结果如表 11.8。

表 11.8

```
* * * * * Analysis of Variance * * * *
    40 cases accepted.
    0 cases rejected because of out-of-range factor values.
    0 cases rejected because of missing data.
    2 non-empty cells.
    1 design will be processed.
------------------------------------------------------------

* * * * * Analysis of Variance—Design 1 * * * *
Tests of Between-Subjects Effects.
```

Tests of Significance for T1 using UNIQUE sums of squares

Source of Variation	SS	DF	MS	F	Sig of F
WITHIN+ RESIDUAL	704.58	38	18.54		
MWITHIN AGE(1)	21669.03	1	21669.03	1168.68	.000
MWITHIN AGE(2)	15760.90	1	15760.90	850.04	.000

```
------------------------------------------------------------
* * * * * Analysis of Variance—Design 1 * * * *

Tests involving 'CONTEXT' Within-Subject Effect.
```

Tests of Significance for T2 using UNIQUE sums of squares

Source of Variation	SS	DF	MS	F	Sig of F
WITHIN+ RESIDUAL	32.88	38	.87		
MWITHIN AGE(1) BY CONTEXT	1.23	1	1.23	1.42	.241
MWITHIN AGE(2) BY CONTEXT	14.40	1	14.40	16.64	.000

```
------------------------------------------------------------
```

结果显示,CONTEXT 变量在 AGE(1)水平上没有简单效应($F(1,38)=1.42$, Sig. $=.241$)。CONTEXT 变量在 AGE(2)水平上具有简单效应($F(1,38)=16.64$, Sig. $=.000$)。

综合以上统计结果,CONTEXT 变量具有显著主效应,并且与 AGE 变量具有显著交互效应。简单效应检验结果表明,CONTEXT 变量仅仅在 AGE(2)水平上具有简单效应,而在 CONTEXT 变量在 AGE(1)水平上没有简单效应。也就是说,只有高中毕业后到美国就读的学生,他们的英语语音在课堂语境下显著好于自由交谈语境;而高中就在美国就读的学生,他们的英语语音在课堂和自由交谈两种语境下,没有显著差异。另外,AGE 变量具有显著主效应。也就是说,高中就在美国就读学生的英语语音显著好于高中毕业后到美国就读学生的英语语音。

此例统计结果表明,显著交互效应的结果可能比显著主效应的结果更为重要。如很多统计书籍所推荐的那样,如果统计结果同时出现了显著主效应和显著交互效应,我们应该首先观察交互效应的结果,并进行简单效应检验。也就是说,在出现了显著交互效应时,我们对于显著主效应的解释需要特别谨慎,且不能仅仅根据显著主效应就做出解释,而需要进一步进行简单效应检验。其原因在于,如果同时出现显著主效应和交互效应,极有可能表明,显著主效应可能是由于被整体数据所扭曲或平均了所引起的。如果我们进行简单效应检验,可能会发现,具有显著主效应的变量,并不是在与之具有交互效应的变量的所有水平上都具有显著简单效应的。

我们再回头来看本例的统计结果。CONTEXT 变量和 AGE 变量都具有显著主效应,另外,CONTEXT * AGE 具有显著交互效应。如果我们通过 CONTEXT 变量的显著主效应,就推断两组学生的英语语音,在课堂语境下都显著好于自由交谈语境,则会出错。由于出现了 CONTEXT * AGE 的显著交互效应,我们对其进行简单效应检验,结果发现,CONTEXT 仅仅在 AGE(2) 水平上具有显著简单效应,而在 AGE(1) 水平上并不具有显著简单效应。即仅仅高中毕业后到美国就读学生的英语语音在课堂语境下显著好于自由交谈语境下的英语语音。

11.2 三因素混合设计

11.2.1 一个组间、两个组内因素的三因素混合设计

在二因素组内设计小节(10.2 小节)中,我们假设不同听力设备和测试前是否阅读测试题目对于学生外语听力测试成绩有影响。

现在,我们将该研究进行扩展,我们在研究不同听力设备和测试前是否阅读测试题目对于学生外语听力测试成绩影响的同时,还记录了每位被试的性别,并同时研究性别因素对学生外语听力测试成绩的影响。我们依然控制 1 个因变量,即外语听力测试成绩。另外,我们控制了 3 个自变量,即使用不同听力设备、测试前是否阅读测试题目以及性别。使用不同听力设备因素包括 2 个水平,即使用耳机和使用大喇叭。测试前是否阅读测试题目因素包括 2 个水平,即测试前阅读测试题目和测试开始后阅读测试题目。性别因素也包括 2 个水平,即:男生和女生。因此,本例为一个 2×2×2 混合设计,共有 8 种实验条件。其中,使用不同听力设备和测试前是否阅读测试题目为被试内因素,而性别因素为被试间因素。学生听力测试成绩如表 11.9(数据:ANOVA3.2.sav)。

Gender 表示性别,1 为男生,2 为女生。与二因素组内设计小节(10.2 小节)中相同,LS 代表 Loud Speaker,即使用大喇叭;HP 代表 Head Phone,即使用耳机;Before 代表测试前阅读测试题目;After 代表测试开始后阅读测试题目。LSBefore、LSAfter、HPBefore、HPAfter 分别代表 2 个被试内变量各水平的交互条件。

表 11.9

Gender	LSBefore	LSAfter	HPBefore	HPAfter
1	60	63	61	69
1	75	72	70	70
1	67	69	71	74
1	63	67	69	66
1	67	70	65	69
1	56	60	58	57
1	58	64	60	62
1	61	66	68	72
1	62	67	70	73
1	70	70	74	76
1	65	60	56	58
1	54	50	49	45
1	52	56	50	58
1	65	65	56	62
1	67	72	70	75
1	68	70	73	78
2	54	60	54	60
2	58	55	50	61
2	72	76	69	77
2	73	74	76	78
2	64	69	67	72
2	67	69	65	71
2	52	56	50	59
2	51	53	47	48
2	68	69	68	72
2	61	64	59	69
2	67	71	68	77
2	71	74	70	78
2	72	76	71	75
2	68	69	64	65
2	58	63	60	68
2	66	68	70	78

首先，在 SPSS 中输入数据。本例为 2×2 重复测量设计，共有四种实验处理条件，输入数据时，需将每种实验条件输入成单独一列，如图 11.7。

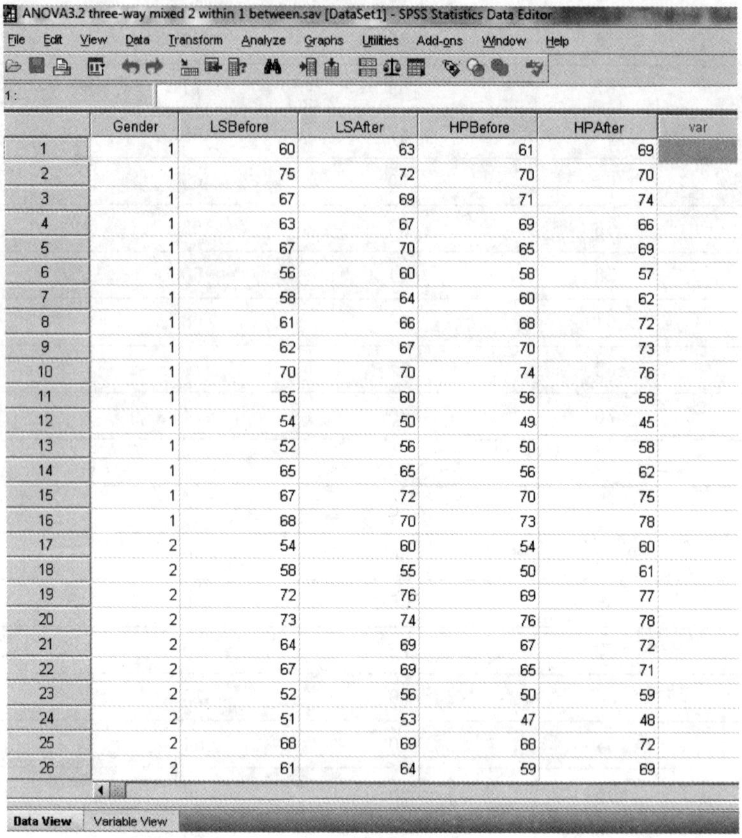

	Gender	LSBefore	LSAfter	HPBefore	HPAfter
1	1	60	63	61	69
2	1	75	72	70	70
3	1	67	69	71	74
4	1	63	67	69	66
5	1	67	70	65	69
6	1	56	60	58	57
7	1	58	64	60	62
8	1	61	66	68	72
9	1	62	67	70	73
10	1	70	70	74	76
11	1	65	60	56	58
12	1	54	50	49	45
13	1	52	56	50	58
14	1	65	65	56	62
15	1	67	72	70	75
16	1	68	70	73	78
17	2	54	60	54	60
18	2	58	55	50	61
19	2	72	76	69	77
20	2	73	74	76	78
21	2	64	69	67	72
22	2	67	69	65	71
23	2	52	56	50	59
24	2	51	53	47	48
25	2	68	69	68	72
26	2	61	64	59	69

图 11.7

然后，在 SPSS 菜单中依次选择 Analyze—General Linear Model—Repeated Measures，如图 11.8。

接下来，在弹出的对话框中定义被试内因素的名称和水平数目，如图 11.9。在 Within-Subject Factor Name 下面的空白处输入 LSHP，并在 Number of Levels 下面的空白处输入 2，点击 Add 将之移入下面的空白位置；然后在 Within-Subject Factor Name 下面的空白处输入 BeforeAfter，并在 Number of Levels 下面的空白处输入 2，点击 Add 将之移入下面的空白位置。定义完成 2 个被试内因素后，点击 Define。

在弹出的对话框中，将 LSBefore、LSAfter、HPBefore、HPAfter 移入 Within-Subjects Variables 下面的空白位置，将 Gender 移入 Between-Subjects Factor(s)下面的空白位置，如图 11.10。点击 Options 按钮，勾选其中的 Descriptive Statistics。最后，点击图 11.10 中的 OK，即可查看统计结果。

统计结果如表 11.10、表 11.11、表 11.12、表 11.13 和表 11.14。统计结果首先显示的是被试内和被试间因素的相关信息，见表 11.10 和表 11.11。

第 11 章 方差分析（混合设计）

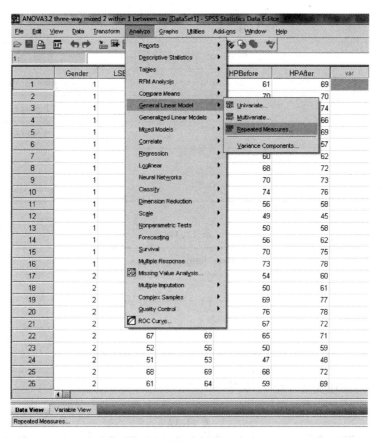

图 11.8

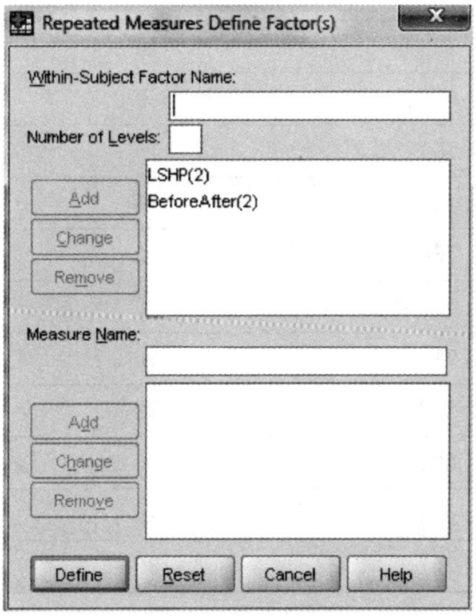

图 11.9 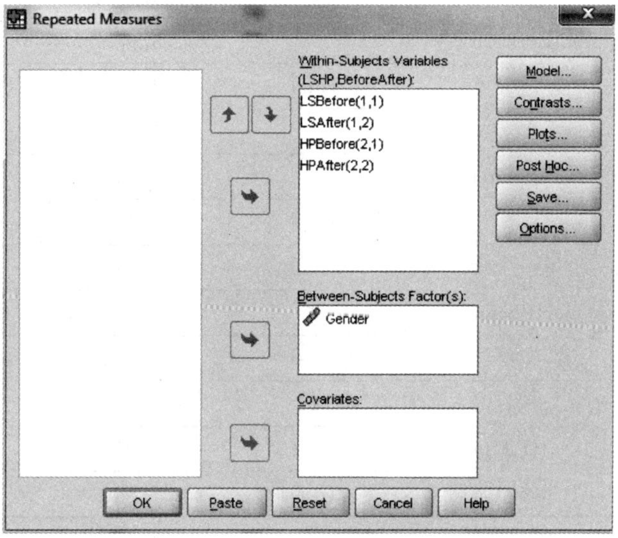　　　　　　　　　　　图 11.10

表 11.10

	Within-Subjects Factors	
	Measure：MEASURE_1	
LSHP	BeforeAfter	Dependent Variable
1	1	LSBefore
1	2	LSAfter
2	1	HPBefore
2	2	HPAfter

表 11.11

Between-Subjects Factors		
		N
Gender	1	16
	2	16

然后显示的是描述性统计结果，见表 11.12。

表 11.12

	Descriptive Statistics			
	Gender	Mean	Std. Deviation	N
LSBefore	1	63.13	6.131	16
	2	63.87	7.329	16
	Total	63.50	6.658	32
LSAfter	1	65.06	6.104	16
	2	66.63	7.420	16
	Total	65.84	6.730	32
HPBefore	1	63.75	8.120	16
	2	63.00	8.710	16
	Total	63.38	8.292	32
HPAfter	1	66.50	8.892	16
	2	69.25	8.683	16
	Total	67.88	8.757	32

下面我们需要查看 F 检验的结果。首先查看 Tests of Within-Subjects Effects 表格（表 11.13），该表格显示的是被试内因素的 F 检验结果。

第 11 章 方差分析（混合设计）

结果表明，BeforeAfter 因素有显著主效应（$F(1,30)=63.738$, Sig.$=.000$）。另外，F 检验结果显示有 2 个二重交互效应：BeforeAfter * Gender 有显著交互效应（$F(1,30)=6.327$, Sig.$=.017$），LSHP * BeforeAfter 有显著交互效应（$F(1,30)=9.998$, Sig.$=.004$）。最后，F 检验结果显示有边缘三重交互效应 LSHP * BeforeAfter * Gender（$F(1,30)=3.883$, Sig.$=.058$）。LSHP 因素没有主效应（$F(1,30)=2.057$, Sig.$=.162$），LSHP * Gender 没有交互效应（$F(1,30)=.014$, Sig.$=.907$）。

表 11.13

Tests of Within-Subjects Effects

Measure: MEASURE_1

Source		Type III Sum of Squares	df	Mean Square	F	Sig.
LSHP	Sphericity Assumed	29.070	1	29.070	2.057	.162
	Greenhouse-Geisser	29.070	1.000	29.070	2.057	.162
	Huynh-Feldt	29.070	1.000	29.070	2.057	.162
	Lower-bound	29.070	1.000	29.070	2.057	.162
LSHP * Gender	Sphericity Assumed	.195	1	.195	.014	.907
	Greenhouse-Geisser	.195	1.000	.195	.014	.907
	Huynh-Feldt	.195	1.000	.195	.014	.907
	Lower-bound	.195	1.000	.195	.014	.907
Error(LSHP)	Sphericity Assumed	423.984	30	14.133		
	Greenhouse-Geisser	423.984	30.000	14.133		
	Huynh-Feldt	423.984	30.000	14.133		
	Lower-bound	423.984	30.000	14.133		
BeforeAfter	Sphericity Assumed	374.695	1	374.695	63.738	.000
	Greenhouse-Geisser	374.695	1.000	374.695	63.738	.000
	Huynh-Feldt	374.695	1.000	374.695	63.738	.000
	Lower-bound	374.695	1.000	374.695	63.738	.000
BeforeAfter * Gender	Sphericity Assumed	37.195	1	37.195	6.327	.017
	Greenhouse-Geisser	37.195	1.000	37.195	6.327	.017
	Huynh-Feldt	37.195	1.000	37.195	6.327	.017
	Lower-bound	37.195	1.000	37.195	6.327	.017
Error(BeforeAfter)	Sphericity Assumed	176.359	30	5.879		
	Greenhouse-Geisser	176.359	30.000	5.879		
	Huynh-Feldt	176.359	30.000	5.879		
	Lower-bound	176.359	30.000	5.879		

续表

Tests of Within-Subjects Effects

Measure: MEASURE_1

Source		Type III Sum of Squares	df	Mean Square	F	Sig.
LSHP * BeforeAfter	Sphericity Assumed	37.195	1	37.195	9.998	.004
	Greenhouse-Geisser	37.195	1.000	37.195	9.998	.004
	Huynh-Feldt	37.195	1.000	37.195	9.998	.004
	Lower-bound	37.195	1.000	37.195	9.998	.004
LSHP * BeforeAfter * Gender	Sphericity Assumed	14.445	1	14.445	3.883	.058
	Greenhouse-Geisser	14.445	1.000	14.445	3.883	.058
	Huynh-Feldt	14.445	1.000	14.445	3.883	.058
	Lower-bound	14.445	1.000	14.445	3.883	.058
Error (LSHP * BeforeAfter)	Sphericity Assumed	111.609	30	3.720		
	Greenhouse-Geisser	111.609	30.000	3.720		
	Huynh-Feldt	111.609	30.000	3.720		
	Lower-bound	111.609	30.000	3.720		

最后,查看 Tests of Between-Subjects Effects 表格(表 11.14),该表格显示的是被试内因素的 F 检验结果。结果表明,Gender 因素没有主效应($F(1,30)=.172, Sig.=.681$)。

表 11.14

Tests of Between-Subjects Effects

Measure: MEASURE_1
Transformed Variable: Average

Source	Type III Sum of Squares	df	Mean Square	F	Sig.
Intercept	543272.820	1	543272.820	2512.734	.000
Gender	37.195	1	37.195	.172	.681
Error	6486.234	30	216.208		

由于出现了 LSHP * BeforeAfter * Gender 边缘三重交互效应,说明某个因素的效应受其他两个因素交互效应的影响,或者说,某个因素如何起作用受其他两个因素的影响。因此,我们需要进行简单简单效应检验。

另外,统计结果表明,BeforeAfter 有主效应,而 LSHP 与 Gender 没有主效应,因此,这里我们只进行 BeforeAfter 在 LSHP 与 Gender 各水平交互条件下的简单简单效应检验。首先,在 SPSS 菜单栏中依次选择 File—New—Syntax,打开句法编辑器,在打开的句法编辑器中输入如下程序代码,如图 11.11 和图 11.12。

第 11 章 方差分析（混合设计）

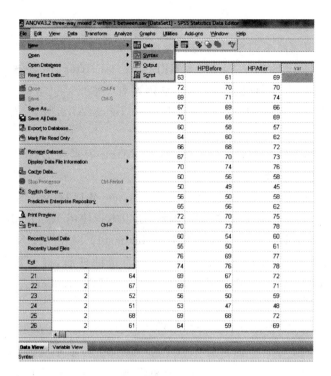

图 11.11

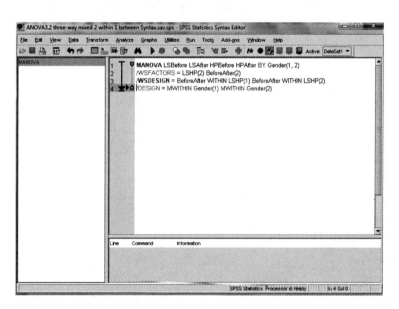

图 11.12

```
MANOVA LSBefore LSAfter HPBefore HPAfter BY Gender(1,2)
/WSFACTORS=LSHP(2) BeforeAfter(2)
/WSDESIGN=BeforeAfter WITHIN LSHP(1) BeforeAfter WITHIN LSHP(2)
/DESIGN=MWITHIN Gender(1) MWITHIN Gender(2)
```

程序代码第一行为：MANOVA LSBefore LSAfter HPBefore HPAfter BY Gender(1,2)。与前文中进行简单效应或简单简单效应检验类似，首先书写 MANOVA 命令。然后，输入各被试内水平的交互条件 LSBefore、LSAfter、HPBefore、HPAfter。接下来，用 BY 关键词连接被试间因素 Gender，Gender 后面的(1,2)表示该因素有 2 水平。

程序代码第二行为：/WSFACTORS=LSHP(2) BeforeAfter(2)。分别定义 2 个被试内因素及其水平数目。

程序代码第三行和第四行共同作用，进行 BeforeAfter 因素在 LSHP 和 Gender 各水平交互条件下的简单简单因素检验。

程序代码第三行为：/WSDESIGN = BeforeAfter WITHIN LSHP(1) BeforeAfter WITHIN LSHP(2)。BeforeAfter 是被试内因素，所以本行使用 WSDESIGN 分命令。

程序代码第四行为：/DESIGN＝MWITHIN Gender(1) MWITHIN Gender(2)。Gender 是被试间因素，所以本行使用 DESIGN 分命令。（为帮助理解，此行等号右边可以理解为 BeforeAfter MWITHIN Gender(1) BeforeAfter MWITHIN Gender(2)，当然如果这样书写并运行代码，程序会报错）

代码书写完成后，点击 ▶ 按钮，运行程序，即可查看统计结果。结果如表 11.15。

统计结果显示，BeforeAfter 因素在 LSHP 和 Gender 各水平交互条件下的效应均显著（sig. 均小于.005）。统计结果说明，测试前是否阅读测试题目因素具有显著效应，无论男生还是女生，在使用大喇叭或耳机条件下，其英语听力测试成绩均有显著差异。

表 11.15

```
* * * * * A n a l y s i s   o f   V a r i a n c e * * * * *
      32 cases accepted.
      0 cases rejected because of out-of-range factor values.
      0 cases rejected because of missing data.
      2 non-empty cells.
      1 design will be processed.
- - - - - - - - - - - - - - - - - - - - - - - - - - - - - - -
* * * * A n a l y s i s   o f   V a r i a n c e—Design  1* * * * *
Tests of Between-Subjects Effects.
Tests of Significance for T1 using UNIQUE sums of squares
Source of Variation       SS           DF        MS          F          Sig of F
WITHIN+ RESIDUAL         6486.23       30        216.21
MWITHIN GENDER(1)        267159.77     1         267159.77   1235.66    .000
MWITHIN GENDER(2)        276150.25     1         276150.25   1277.24    .000
- - - - - - - - - - - - - - - - - - - - - - - - - - - - - - -
* * * * A n a l y s i s   o f   V a r i a n c e—Design  1* * * * *
Tests involving 'BEFOREAFTER WITHIN LSHP(1)' Within-Subject Effect.
Tests of Significance for T2 using UNIQUE sums of squares
```

续表

```
Source of Variation          SS       DF      MS       F        Sig of F
WITHIN+ RESIDUAL            122.97    30      4.10
MWITHIN GENDER(1) BY         30.03     1     30.03     7.33      .011
    BEFOREAFTER WITHIN
LSHP(1)
MWITHIN GENDER(2) BY         60.50     1     60.50    14.76      .001
    BEFOREAFTER WITHIN
LSHP(1)
- - - - - - - - - - - - - - - - - - - - - - - - - - - - - - - - - - - -
* * * * A n a l y s i s  o f  V a r i a n c e—Design  1* * * * *
Tests involving 'BEFOREAFTER WITHIN LSHP(2)' Within-Subject Effect.
Tests of Significance for T3 using UNIQUE sums of squares
Source of Variation          SS       DF      MS       F        Sig of F
WITHIN+ RESIDUAL            165.00    30      5.50
MWITHIN GENDER(1) BY         60.50     1     60.50    11.00      .002
    BEFOREAFTER WITHIN
LSHP(2)
MWITHIN GENDER(2) BY        312.50     1    312.50    56.82      .000
    BEFOREAFTER WITHIN
LSHP(2)
- - - - - - - - - - - - - - - - - - - - - - - - - - - - - - - - - - - -
```

由于 F 检验结果显示，BeforeAfter * Gender 和 LSHP * BeforeAfter 有显著交互效应，因此，我们还可以进一步进行 BeforeAfter 在 Gender 和 LSHP 各水平上的简单效应检验，方法与前文所述相同，这里从略。

上面我们进行的是被试内因素 BeforeAfter 在另一个被试内因素 LSHP 和被试间因素 Gender 的各水平交互条件下的简单简单效应检验。

在如本例的一个组间、两个组内因素的三重混合设计中，我们还可以进行被试间因素在两个组内各水平交互条件下的简单简单效应检验。为演示此种简单简单效应检验的代码书写方法，我们下面进行被试间因素 Gender 在两个被试内因素 BeforeAfter 和 LSHP 各水平交互条件下的简单简单效应检验(Gender 因素没有主效应，所以这里进行的简单简单效应检验没有实际意义，只为演示代码写法)。

首先在 SPSS 的句法编辑器中书写如下代码，如图 11.13：

```
MANOVA LSBefore LSAfter HPBefore HPAfter BY Gender(1,2)
/WSFACTORS=LSHP(2) BeforeAfter(2)
/WSDESIGN=MWITHIN LSHP(1) WITHIN BeforeAfter(1)
          MWITHIN LSHP(1) WITHIN BeforeAfter(2)
          MWITHIN LSHP(2) WITHIN BeforeAfter(1)
          MWITHIN LSHP(2) WITHIN BeforeAfter(2)
```

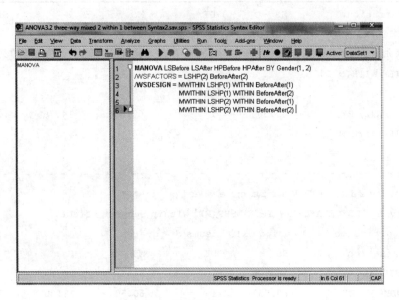

图 11.13

代码书写完成后，点击 ▶ 按钮，运行程序，即可查看统计结果。结果如表 11.16。结果表明，被试间因素 Gender 在两个被试内因素 BeforeAfter 和 LSHP 各水平交互条件下均不具有简单简单效应（$F<1$, Sig. $>.05$）。

表 11.16

```
* * * * A n a l y s i s   o f   V a r i a n c e * * * *
      32 cases accepted.
      0 cases rejected because of out-of-range factor values.
      0 cases rejected because of missing data.
      2 non-empty cells.
      1 design will be processed.
- - - - - - - - - - - - - - - - - - - - - - - - - - - - - - - -
* * * * * A n a l y s i s   o f   V a r i a n c e — D e s i g n   1 * * * *


Tests involving 'MWITHIN LSHP(1) WITHIN BEFOREAFTER(1)' Within-Subject Effect.
Tests of Significance for T1 using UNIQUE sums of squares
```

Source of Variation	SS	DF	MS	F	Sig of F
WITHIN+ RESIDUAL	1369.50	30	45.65		
MWITHIN LSHP(1) WITHIN BEFOREAFTER(1)	129032.00	1	129032.00	2826.55	.000
Gender BY MWITHIN LSHP(1) WITHIN BEFOREA	4.50	1	4.50	.10	.756

续表

```
FTER(1)
----------------------------------------------------------

* * * * A n a l y s i s   o f   V a r i a n c e—Design 1* * * * *
Tests involving 'MWITHIN LSHP(1) WITHIN BEFOREAFTER(2)' Within-Subject Effect.
Tests of Significance for T2 using UNIQUE sums of squares
Source of Variation        SS            DF         MS           F         Sig of F
WITHIN+ RESIDUAL           1384.69       30         46.16
MWITHIN LSHP(1) WITH       138732.78     1          138732.78    3005.72   .000
IN BEFOREAFTER(2)
Gender BY MWITHIN LS       19.53         1          19.53        .42       .520
HP(1) WITHIN BEFOREA
FTER(2)
----------------------------------------------------------


* * * * A n a l y s i s   o f   V a r i a n c e—Design 1* * * * *
Tests involving 'MWITHIN LSHP(2) WITHIN BEFOREAFTER(1)' Within-Subject Effect.
Tests of Significance for T3 using UNIQUE sums of squares
Source of Variation        SS            DF         MS           F         Sig of F
WITHIN+ RESIDUAL           2127.00       30         70.90
MWITHIN LSHP(2) WITH       128524.50     1          128524.50    1812.76   .000
IN BEFOREAFTER(1)
Gender BY MWITHIN LS       4.50          1          4.50         .06       .803
HP(2) WITHIN BEFOREA
FTER(1)
----------------------------------------------------------


* * * * A n a l y s i s   o f   V a r i a n c e—Design 1* * * * *
Tests involving 'MWITHIN LSHP(2) WITHIN BEFOREAFTER(2)' Within-Subject Effect.
Tests of Significance for T4 using UNIQUE sums of squares
Source of Variation        SS            DF         MS           F         Sig of F
WITHIN+ RESIDUAL           2317.00       30         77.23
MWITHIN LSHP(2) WITH       147424.50     1          147424.50    1908.82   .000
IN BEFOREAFTER(2)
Gender BY MWITHIN LS       60.50         1          60.50        .78       .383
HP(2) WITHIN BEFOREA
FTER(2)
----------------------------------------------------------
```

11.2.2 两个组间、一个组内因素的三因素混合设计

下面我们来看一个两个组间、一个组内因素的三因素混合设计的例子。假设我们研究英语水平、工作记忆广度(Working Memory Span)和词汇注释方式对于词汇附带习得的影响。我们控制两个被试间因素(英语水平和工作记忆广度),控制一个被试内因素(注释方式)。英语水平因素有2个水平,即英语水平高和英语水平低;工作记忆广度因素也有2个水平,即工作记忆广度大和工作记忆广度小。词汇注释方式因素也有2个水平,即旁注(词汇注释在目标生词的旁边)和尾注(词汇注释在阅读文章的末尾)。所有被试(N=60)均分别阅读二种词汇注释方式的文章;所有被试阅读完文章后,参加一个目标生词的词汇测试,成绩满分为60分。因此,本例为一个2×2×2混合设计,共有8种实验条件。

词汇测试成绩见表11.17(数据:ANOVA3.3.sav)。Proficiency 代表英语水平因素,1为英语水平低,2为英语水平高;Span 代表工作记忆广度因素,1为工作记忆广度小和工作记忆广度大;Sidenote 和 Endnote 分别代表词汇注释方式因素中的旁注和尾注。

表 11.17

Proficiency	Span	Sidenote	Endnote	Proficiency	Span	Sidenote	Endnote
1	1	35	33	2	1	38	37
1	1	38	36	2	1	26	27
1	1	45	44	2	1	30	32
1	1	42	43	2	1	35	33
1	1	28	29	2	1	28	27
1	1	30	28	2	1	26	26
1	1	39	38	2	1	25	22
1	1	46	45	2	1	29	28
1	1	42	43	2	1	33	34
1	1	27	25	2	1	39	38
1	1	29	30	2	1	42	42
1	1	31	30	2	1	45	44
1	1	35	33	2	1	48	49
1	1	38	35	2	1	30	31
1	1	26	25	2	1	25	26
1	2	40	39	2	2	45	44
1	2	48	47	2	2	48	48
1	2	44	43	2	2	38	39
1	2	36	36	2	2	32	30
1	2	28	25	2	2	36	38
1	2	31	28	2	2	30	31
1	2	37	36	2	2	28	29

续表

Proficiency	Span	Sidenote	Endnote	Proficiency	Span	Sidenote	Endnote
1	2	30	29	2	2	32	33
1	2	43	40	2	2	44	40
1	2	42	42	2	2	46	47
1	2	28	27	2	2	50	49
1	2	40	39	2	2	33	32
1	2	41	40	2	2	39	38
1	2	45	41	2	2	42	40
1	2	34	30	2	2	46	48

首先,在 SPSS 中如上面表格中的格式输入数据。见图 11.14。

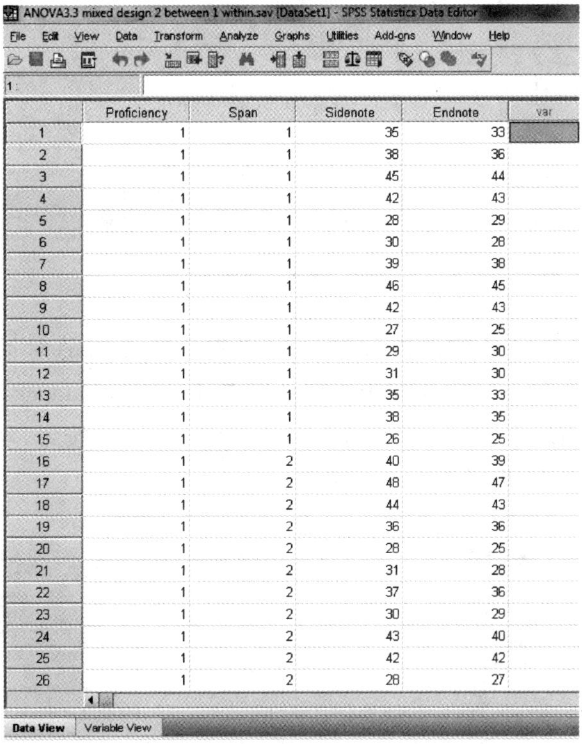

	Proficiency	Span	Sidenote	Endnote	var
1	1	1	35	33	
2	1	1	38	36	
3	1	1	45	44	
4	1	1	42	43	
5	1	1	28	29	
6	1	1	30	28	
7	1	1	39	38	
8	1	1	46	45	
9	1	1	42	43	
10	1	1	27	25	
11	1	1	29	30	
12	1	1	31	30	
13	1	1	35	33	
14	1	1	38	35	
15	1	1	26	25	
16	1	2	40	39	
17	1	2	48	47	
18	1	2	44	43	
19	1	2	36	36	
20	1	2	28	25	
21	1	2	31	28	
22	1	2	37	36	
23	1	2	30	29	
24	1	2	43	40	
25	1	2	42	42	
26	1	2	28	27	

图 11.14

然后,在 SPSS 菜单中依次选择 Analyze—General Linear Model—Repeated Measures,如图 11.15。

在弹出的对话框中定义被试内因素的名称和水平数目。本例中有一个被试内因素(词汇注释方式),我们将之命名为 Notes。在 Within-Subject Factor Name 下面的空白处输入 Notes,在 Number of Levels 下面的空白处输入 2,然后点击 Add,将之移入 Add 右面的空白位置,如图 11.16。

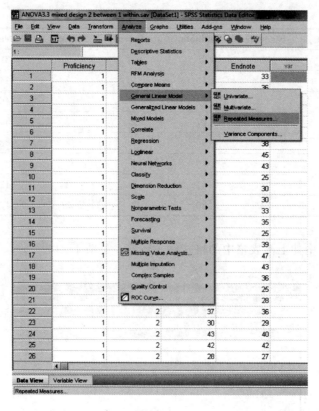

图 11.15

接下来点击 Define,定义被试内和被试间因素。在弹出的对话框中,将 Sidenote 和 Endnote 移入 Within-Subjects Variables 下面的空白处,将 Proficiency 和 Span 移入 Between-Subjects Factor(s)下面的空白处。如图 11.17。点击 Options 按钮,勾选其中的 Descriptive Statistics。最后,点击 OK,即可查看统计结果。

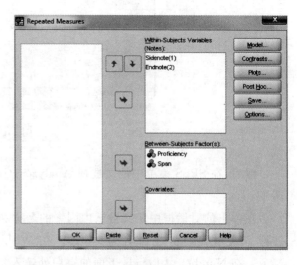

图 11.16　　　　　　　　　　　图 11.17

第 11 章 方差分析（混合设计）

统计结果如表 11.18、表 11.19、表 11.20、表 11.21 和表 11.22。统计结果首先显示的是被试内和被试间因素的相关信息，见表 11.18 和表 11.19。

表 11.18

Within-Subjects Factors	
Measure：MEASURE_1	
Notes	Dependent Variable
1	Sidenote
2	Endnote

表 11.19

Between-Subjects Factors		
		N
Proficiency	1	30
	2	30
Span	1	30
	2	30

接下来显示的是描述性统计的结果，见表 11.20。

表 11.20

	Descriptive Statistics				
	Proficiency	Span	Mean	Std. Deviation	N
Sidenote	1	1	35.40	6.663	15
		2	37.80	6.416	15
		Total	36.60	6.542	30
	2	1	33.27	7.554	15
		2	39.27	7.146	15
		Total	36.27	7.843	30
	Total	1	34.33	7.082	30
		2	38.53	6.715	30
		Total	36.43	7.162	60
Endnote	1	1	34.47	6.854	15
		2	36.13	6.717	15
		Total	35.30	6.722	30
	2	1	33.07	7.658	15
		2	39.07	6.995	15
		Total	36.07	7.825	30
	Total	1	33.77	7.176	30
		2	37.60	6.901	30
		Total	35.68	7.243	60

然后,我们查看 Tests of Within-Subjects Effects 表格(表 11.21),该表格显示的是被试内因素的 F 检验结果。结果表明,Notes 因素有显著主效应($F(1,56)=16.145$, Sig. $=.000$),Notes * Proficiency 有显著交互效应($F(1,56)=8.682$, Sig. $=.005$)。Notes * Span 和 Notes * Proficiency * Span 没有显著交互效应($F<1$, Sig. $>.05$)。

表 11.21

	Tests of Within-Subjects Effects					
	Measure: MEASURE_1					
Source		Type III Sum of Squares	df	Mean Square	F	Sig.
Notes	Sphericity Assumed	16.875	1	16.875	16.145	.000
	Greenhouse-Geisser	16.875	1.000	16.875	16.145	.000
	Huynh-Feldt	16.875	1.000	16.875	16.145	.000
	Lower-bound	16.875	1.000	16.875	16.145	.000
Notes * Proficiency	Sphericity Assumed	9.075	1	9.075	8.682	.005
	Greenhouse-Geisser	9.075	1.000	9.075	8.682	.005
	Huynh-Feldt	9.075	1.000	9.075	8.682	.005
	Lower-bound	9.075	1.000	9.075	8.682	.005
Notes * Span	Sphericity Assumed	1.008	1	1.008	.965	.330
	Greenhouse-Geisser	1.008	1.000	1.008	.965	.330
	Huynh-Feldt	1.008	1.000	1.008	.965	.330
	Lower-bound	1.008	1.000	1.008	.965	.330
Notes * Proficiency * Span	Sphericity Assumed	1.008	1	1.008	.965	.330
	Greenhouse-Geisser	1.008	1.000	1.008	.965	.330
	Huynh-Feldt	1.008	1.000	1.008	.965	.330
	Lower-bound	1.008	1.000	1.008	.965	.330
Error(Notes)	Sphericity Assumed	58.533	56	1.045		
	Greenhouse-Geisser	58.533	56.000	1.045		
	Huynh-Feldt	58.533	56.000	1.045		
	Lower-bound	58.533	56.000	1.045		

最后,我们查看 Tests of Between-Subjects Effects 表格(表 11.22),该表格显示的是被试间因素的 F 检验结果。结果表明,Span 因素有显著主效应($F(1,56)=4.975$, Sig. $=.030$)。Proficiency 没有主效应($F<1$, Sig. $>.05$),Proficiency * Span 也没有交互效应($F(1,56)=1.213$, Sig. $=.275$)。

表 11.22

Tests of Between-Subjects Effects

Measure:MEASURE_1

Transformed Variable:Average

Source	Type III Sum of Squares	df	Mean Square	F	Sig.
Intercept	156024.408	1	156024.408	1603.579	.000
Proficiency	1.408	1	1.408	.014	.905
Span	484.008	1	484.008	4.975	.030
Proficiency * Span	118.008	1	118.008	1.213	.275
Error	5448.667	56	97.298		

由于 Notes * Proficiency 有显著交互效应，说明 Notes 因素效应受 Proficiency 因素的影响，或者说，Notes 因素效应在 Proficiency 因素的不同水平上有变化。因此，我们需要进行简单效应检验。

在菜单中依次选择 File—New—Syntax，打开句法编辑器。在句法编辑器中输入以下程序代码，进行 Notes 因素在 Proficiency 因素 2 个水平上的简单效应检验。如图 11.18。

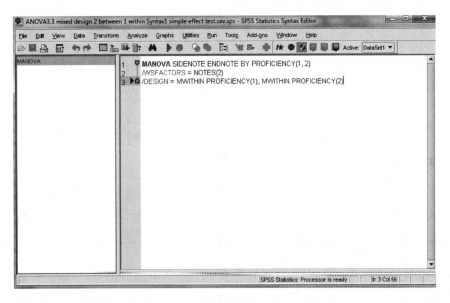

图 11.18

```
MANOVA SIDENOTE ENDNOTE BY PROFICIENCY(1,2)
/WSFACTORS=NOTES(2)
/DESIGN=MWITHIN PROFICIENCY(1),MWITHIN PROFICIENCY(2)
```

代码书写完成后,点击 ▶ 按钮,运行程序,查看统计结果(见表11.23)。

表 11.23

```
* * * * * Analysis of Variance * * * * *
    60 cases accepted.
    0 cases rejected because of out-of-range factor values.
    0 cases rejected because of missing data.
    2 non-empty cells.
    1 design will be processed.
- - - - - - - - - - - - - - - - - - - - - - - - - - - - - -
* * * * Analysis of Variance—Design 1 * * * *
Tests of Between-Subjects Effects.
Tests of Significance for T1 using UNIQUE sums of squares
Source of Variation         SS         DF      MS          F          Sig of F
WITHIN+ RESIDUAL            6050.68    58      104.32
MWITHIN PROFICIENCY(1)      77544.15   1       77544.15    743.31     .000
MWITHIN PROFICIENCY(2)      78481.67   1       78481.67    752.30     .000
- - - - - - - - - - - - - - - - - - - - - - - - - - - - - -
* * * * Analysis of Variance—Design 1 * * * * *
Tests involving 'NOTES' Within-Subject Effect.
Tests of Significance for T2 using UNIQUE sums of squares
Source of Variation         SS         DF      MS          F          Sig of F
WITHIN+ RESIDUAL            60.55      58      1.04
MWITHIN PROFICIENCY         25.35      1       25.35       24.28      .000
  (1) BY NOTES
MWITHIN PROFICIENCY         .60        1       .60         .57        .451
  (2) BY NOTES
- - - - - - - - - - - - - - - - - - - - - - - - - - - - - -
```

由于Notes是被试内因素,因此需要查看表11.23下半部分(Tests involving 'NOTES' Within-Subject Effect部分)的统计结果。结果显示,Notes在Proficiency(1)上有显著简单效应($F(1,56)=24.28$, Sig.$=.000$)。在Proficiency(2)上没有简单效应($F<1$, Sig.$>.05$)。上述结果表明,词汇注释方式因素只在英语水平低的被试上有显著效应,而在英语水平高的被试上没有显著效应。

综合以上所有统计结果,工作记忆广度因素有主效应,工作记忆广度大的被试附带习得词汇的效果显著好于工作记忆广度小的被试。另外,词汇注释方式具有主效应,简单效应检验结果表明,对于英语水平低的被试,旁注方式注释词汇时附带习得词汇的效果显著好于尾注方式注释词汇时附带习得词汇的效果;而对于英语水平高的被试,词汇注释方式对于附带习得词汇没有影响。

本例中没有出现 Proficiency * Span * Notes 的三重交互效应。如果出现了三重交互效应,我们需要进一步进行简单简单效应检验。下面我们演示两个组间因素、一个组内因素混合设计时,如何书写简单简单效应检验的程序代码。

如果对被试内因素在两个被试间因素的各水平交互条件下进行简单简单效应检验,比如本例中,对 Notes 因素在 Proficiency 和 Span 因素的各水平交互条件下进行简单简单效应检验,则可书写如下程序代码(图 11.19):

```
MANOVA SIDENOTE ENDNOTE BY PROFICIENCY(1,2) SPAN(1,2)
/WSFACTORS=NOTES(2)
/WSDESIGN=NOTES
/DESIGN=MWITHIN PROFICIENCY(1) WITHIN SPAN(1),
        MWITHIN PROFICIENCY(1) WITHIN SPAN(2),
        MWITHIN PROFICIENCY(2) WITHIN SPAN(1),
        MWITHIN PROFICIENCY(2) WITHIN SPAN(2)
```

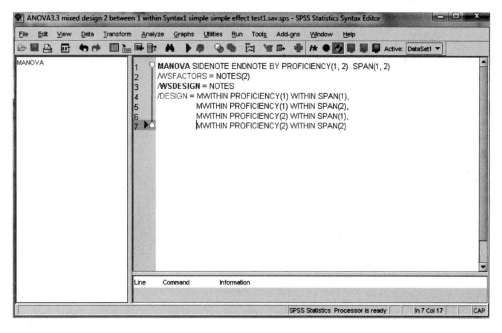

图 11.19

结果如表 11.24。

表 11.24

```
* * * * * Analysis of Variance * * * *
    60 cases accepted.
    0 cases rejected because of out-of-range factor values.
    0 cases rejected because of missing data.
    4 non-empty cells.
    1 design will be processed.
```
- -

* * * * Analysis of Variance—Design 1 * * * *

Tests of Between-Subjects Effects.
Tests of Significance for T1 using UNIQUE sums of squares

Source of Variation	SS	DF	MS	F	Sig of F
WITHIN+ RESIDUAL	5448.67	56	97.30		
MWITHIN PROFICIENCY (1) WITHIN SPAN(1)	36610.13	1	36610.13	376.27	.000
MWITHIN PROFICIENCY (1) WITHIN SPAN(2)	40996.03	1	40996.03	421.35	.000
MWITHIN PROFICIENCY (2) WITHIN SPAN(1)	33000.83	1	33000.83	339.17	.000
MWITHIN PROFICIENCY (2) WITHIN SPAN(2)	46020.83	1	46020.83	472.99	.000

- -

* * * * * Analysis of Variance—Design 1 * * * *

Tests involving 'NOTES' Within-Subject Effect.
Tests of Significance for T2 using UNIQUE sums of squares

Source of Variation	SS	DF	MS	F	Sig of F
WITHIN+ RESIDUAL	58.53	56	1.05		
MWITHIN PROFICIENCY (1) WITHIN SPAN(1) BY NOTES	6.53	1	6.53	6.25	.015
MWITHIN PROFICIENCY (1) WITHIN SPAN(2) BY NOTES	20.83	1	20.83	19.93	.000
MWITHIN PROFICIENCY (2) WITHIN SPAN(1) BY NOTES	.30	1	.30	.29	.594
MWITHIN PROFICIENCY (2) WITHIN SPAN(2) BY NOTES	.30	1	.30	.29	.594

- -

由于 Notes 是被试内因素,所以我们应该查看表 11.24 中 Tests involving 'NOTES' Within-Subject Effect 部分的结果。结果显示,Notes 在 Proficiency(1)*Span(1)和 Proficiency(1)*Span(2)二个交互条件下具有简单简单效应。此结果与我们上面看到的结果相同,即词汇注释方式因素只在英语水平低的被试上有显著效应,而在英语水平高的被试上没有效应。

如果对被试间因素在另一个被试间因素与被试内因素的各水平交互条件下进行简单简单效应检验,比如本例中,对 Span 因素在 Proficiency 和 Notes 因素的各水平交互条件下进行简单简单效应检验,则可书写如下程序代码(图 11.20):

```
MANOVA SIDENOTE ENDNOTE BY PROFICIENCY(1,2) SPAN(1,2)
/WSFACTORS=NOTES(2)
/WSDESIGN MWITHIN NOTES(1) MWITHIN NOTES(2)
/DESIGN=SPAN WITHIN PROFICIENCY(1),
        SPAN WITHIN PROFICIENCY(2)
```

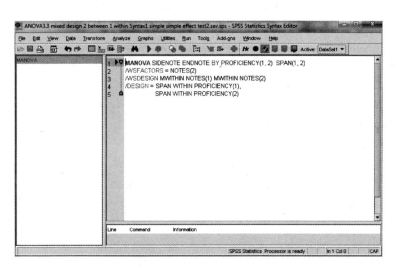

图 11.20

结果如表 11.25:

表 11.25

```
* * * * * A n a l y s i s   o f   V a r i a n c e * * * * *
     60 cases accepted.
     0 cases rejected because of out-of-range factor values.
     0 cases rejected because of missing data.
     4 non-empty cells.
```

```
            1 design will be processed.
- - - - - - - - - - - - - - - - - - - - - - - - - - - - - - - - - - - - - - - -
* * * * Analysis of Variance—Design 1* * * *
Tests involving 'MWITHIN NOTES(1)' Within-Subject Effect.
Tests of Significance for T1 using UNIQUE sums of squares
Source of Variation       SS          DF       MS         F         Sig of F
WITHIN+ RESIDUAL          2713.53     57       47.61
MWITHIN NOTES(1)          79643.27    1        79643.27   1672.97   .000
SPAN WITHIN PROFICIE      43.20       1        43.20      .91       .345
NCY(1) BY MWITHIN NO
TES(1)
SPAN WITHIN PROFICIE      270.00      1        270.00     5.67      .021
NCY(2) BY MWITHIN NO
TES(1)
- - - - - - - - - - - - - - - - - - - - - - - - - - - - - - - - - - - - - - - -

* * * * * Analysis of Variance—Design 1* * * *
Tests involving 'MWITHIN NOTES(2)' Within-Subject Effect.
Tests of Significance for T2 using UNIQUE sums of squares
Source of Variation       SS          DF       MS         F         Sig of F
WITHIN+ RESIDUAL          2804.15     57       49.20
MWITHIN NOTES(2)          76398.02    1        76398.02   1552.94   .000
SPAN WITHIN PROFICIE      20.83       1        20.83      .42       .518
NCY(1) BY MWITHIN NO
TES(2)
SPAN WITHIN PROFICIE      270.00      1        270.00     5.49      .023
NCY(2) BY MWITHIN NO
TES(2)
- - - - - - - - - - - - - - - - - - - - - - - - - - - - - - - - - - - - - - - -
```

结果表明,Span因素在Proficiency(2)＊Notes(1)和Proficiency(2)＊Notes(2)的交互条件下有显著简单简单效应,而在Proficiency(1)＊Notes(1)和Proficiency(1)＊Notes(2)交互条件下没有显著简单简单效应。可见,工作记忆广度因素在两种注释方式与英语水平高的交互条件下有简单简单效应,即无论哪种注释方式条件下,英语水平高且工作记忆广度大的学生附带习得词汇的效果好于英语水平高但工作记忆广度小的学生。而工作记忆广度因素在两种注释方式与英语水平低的交互条件下没有简单简单效应,即无论哪种注释方式,对于英语水平低的学生而言,工作记忆广度的大小对于他们附带习得词汇的效果没有影响。

11.3 练 习

1. 数据 anova_practice_mixed1.sav 为一个 2×2 的混合设计。Gender 因素为组间因素，test 因素为组内变量。

(1)请统计 Gender 和 test 两个因素是否有主效应；

(2)请统计 Gender×test 是否有交互效应，如果有交互效应，请统计其简单效应。

2. 数据 anova_practice_mixed2.sav 为一个 2×2×2 的混合设计。A 和 B 两个因素为组内变量，C 为组间变量。

(1)请统计 A、B、C 三个因素是否有主效应；

(2)请统计 A×B、A×C、B×C 是否有交互效应，如果有交互效应，请统计其简单效应；

(3)请统计 A×B×C 是否有交互效应，如果有交互效应，请统计其简单简单效应。

第 12 章
相关分析

相关分析研究的是两个变量之间的相关关系。比如我们研究人的身高与体重之间的相关关系或者研究外语学习者的学习努力程度与学习成绩的相关关系。

应用语言学领域研究的相关关系通常是线性相关关系,分为正线性相关关系和负线性相关关系。正线性相关关系指两个变量的线性变动方向相同,即随着一个变量值的升高,另一个变量值也随之升高;随着一个变量值的下降,另一个变量值也随之下降。而负线性相关关系指两个变量的线性变动方向相反,即随着一个变量值的升高,另一个变量值随之下降;随着一个变量值的下降,另一个变量值随之升高。

12.1 相关系数的选择

我们一般使用相关系数来表示两个变量间线性相关关系的强弱程度。

如果两个变量都是连续变量,我们可以使用 Pearson 简单相关系数(Pearson r)。

如果两个变量是定序变量(Ordinal)或者一个是连续变量、另一个是定序变量,我们可以使用 Spearman 等级相关系数(Spearman Rank-Order Correlation Coefficient,有时称作 Spearman 秩相关系数),即 Spearman's rho (ρ),或者我们可以使用 Kendall 等级相关系数(Kendall Rank-Order Correlation Coefficient,有时称作 Kendall 秩相关系数),即 Kendall's tau (τ)。

如果两个变量都是分类变量,则可以选择基于卡方检验的 Phi (φ)系数或者 Cramér's Phi (φ_c)系数(注意:Phi 系数和 Cramér's Phi 系数在 SPSS 中称作 Phi and Cramér's V)或者选择列联表系数(Contingency Coefficient)。

12.2 相关系数的取值(以 r 为例)

相关系数 r 的取值范围为 $-1 \sim +1$。$r=-1$ 表示两个变量间存在完全负线性相关关系,$r=0$ 表示两个变量间不存在线性相关关系,$r=+1$ 表示两个变量间存在完全正线性相关关系。另外,$r>0$ 表示两个变量间存在正线性相关关系,而 $r<0$ 表示两个变量间存在负线性相关关系。一般认为,$|r|>0.8$ 表示两个变量间存在较强的线性相关关系,而 $|r|<0.3$

表示两个变量间存在较弱的线性相关关系。我们还可以通过概率 p 值来判断两个变量间的线性相关关系是否具有显著性。

12.3 两个连续变量间的相关分析

我们来看一个两个连续变量间相关关系的例子。在做语言测试研究时,经常需要检验量表的内部一致性或内部信度[①]。比如,我们测量量表的折半信度(Split-Half Reliability Estimates)、测量不同评分员间的评分信度(Inter-Rater Reliability)或相同评分员的评分信度(Intra-Rater Reliability)、测量量表的稳定性(Stability, Test-Retest Reliability),等等。

假设我们请两位评分员对 100 名大学生的英文作文进行了评分。评分标准为大学英语四、六级考试作文评分标准,满分为 15 分。数据如表 12.1(数据:correlation1.sav)。我们计算两位评分员间的评分信度。

表 12.1

Rater1

N	Score	N	Score	N	Score	N	Score	N	Score
1	11	21	11	41	10	61	11	81	11
2	10	22	12	42	11	62	11	82	8
3	12	23	11	43	12	63	10	83	10
4	10	24	10	44	12	64	13	84	11
5	12	25	10	45	11	65	12	85	8
6	11	26	10	46	10	66	11	86	9
7	10	27	10	47	10	67	10	87	10
8	11	28	10	48	10	68	11	88	9
9	10	29	11	49	9	69	12	89	11
10	10	30	10	50	10	70	11	90	11
11	7	31	10	51	9	71	11	91	10
12	9	32	11	52	10	72	9	92	10
13	11	33	9	53	10	73	11	93	12
14	8	34	11	54	10	74	11	94	11

---

① 参见 Bachman L F. 1990. *Fundamental Considerations in Language Testing*[M]. Oxford:Oxford University Press. 第六章。

续表

N	Score	N	Score	N	Score	N	Score	N	Score
15	12	35	10	55	9	75	9	95	13
16	9	36	11	56	9	76	10	96	11
17	10	37	10	57	10	77	10	97	10
18	8	38	10	58	12	78	13	98	12
19	11	39	9	59	9	79	12	99	10
20	8	40	11	60	9	80	11	100	10

Rater2

N	Score	N	Score	N	Score	N	Score	N	Score
1	11	21	11	41	11	61	10	81	12
2	11	22	12	42	9	62	10	82	11
3	13	23	10	43	11	63	12	83	12
4	11	24	10	44	10	64	14	84	10
5	11	25	10	45	12	65	12	85	7
6	10	26	10	46	8	66	11	86	11
7	11	27	10	47	12	67	12	87	10
8	11	28	9	48	10	68	13	88	11
9	9	29	9	49	10	69	13	89	8
10	11	30	9	50	8	70	13	90	12
11	10	31	8	51	9	71	13	91	11
12	10	32	12	52	10	72	11	92	10
13	11	33	8	53	9	73	10	93	9
14	9	34	10	54	9	74	10	94	10
15	10	35	9	55	11	75	10	95	11
16	10	36	11	56	12	76	9	96	13
17	10	37	10	57	11	77	10	97	10
18	8	38	9	58	10	78	10	98	13
19	11	39	8	59	11	79	14	99	11
20	8	40	10	60	8	80	9	100	12

第 12 章 相关分析

我们首先将上面表格中的数据输入到 SPSS 中,如图 12.1:

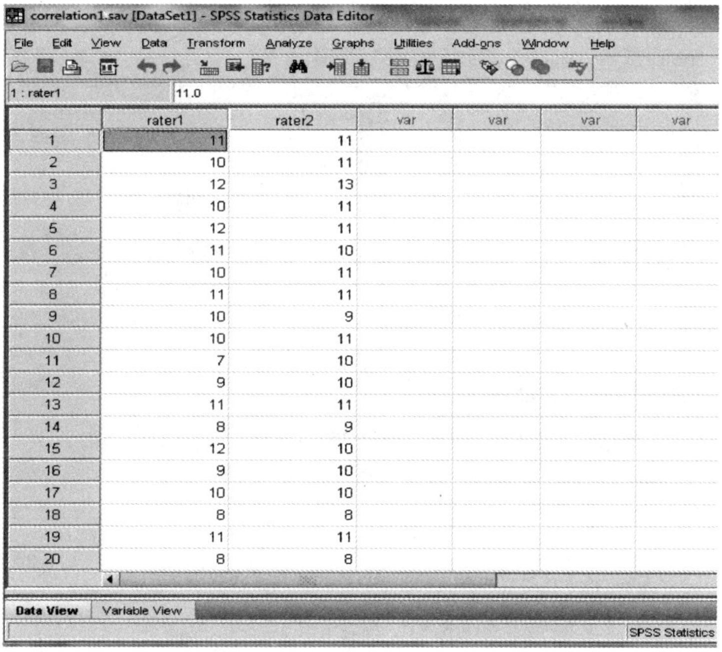

图 12.1

然后选择 Analyze—Correlate—Bivariate,如图 12.2:

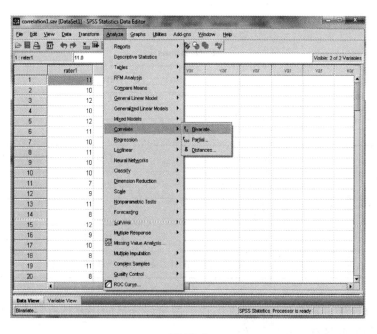

图 12.2

我们将 rater1 和 rater2 两个变量移入右边 Variables 下面的空白，并勾选 Correlation Coefficients 中的 Pearson，如图 12.3。

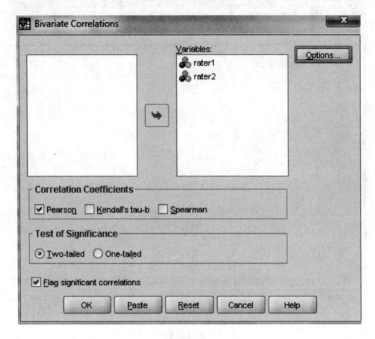

图 12.3

最后，点击上图中的 OK，即可查看结果，如表 12.2。

表 12.2

Correlations

		rater1	rater2
rater1	Pearson Correlation	1	.431**
	Sig. (2-tailed)		.000
	N	100	100
rater2	Pearson Correlation	.431**	1
	Sig. (2-tailed)	.000	
	N	100	100

**. Correlation is significant at the 0.01 level (2-tailed).

结果显示，Pearson $r=.431$，$p=.000$，说明两个评分员的评分具有显著正线性相关关系，即两个评分员的评分具有较好的一致性。

12.4 两个定序变量间的相关分析

我们要求学生对自己的英语学习努力程度和优秀程度进行评分。学生根据自己英语学习的努力程度在 7 点 Likert 量表上评分:1 代表"完全不努力",7 代表"非常努力"。另外,学生还在 7 点 Likert 量表上对自己英语学习是否优秀进行评分:1 代表"完全不优秀",7 代表"非常优秀"。我们检验学生自我评判的努力程度和优秀程度两个变量间的相关关系。数据如表 12.3(数据:correlation2.sav):

表 12.3

N	Effort	Excellence	N	Effort	Excellence
1	6	5	16	4	3
2	5	5	17	6	5
3	3	4	18	7	6
4	4	3	19	2	5
5	2	3	20	4	3
6	5	4	21	3	4
7	6	5	22	5	5
8	7	6	23	6	5
9	4	5	24	7	4
10	4	3	25	5	4
11	5	4	26	4	3
12	6	5	27	5	4
13	2	3	28	6	5
14	3	3	29	3	5
15	5	4	30	7	4

首先,在 SPSS 中输入数据,并选择 Analyze—Correlate—Bivariate,如图 12.4:

在弹出的对话中,我们将 Effort 和 Excellence 变量移入右边空白中,并勾选 Correlation Coefficients 中的 Kendall's tau-b 和 Spearman(图 12.5)。

最后,点击图 12.5 中的 OK,即可查看结果,如表 12.4。

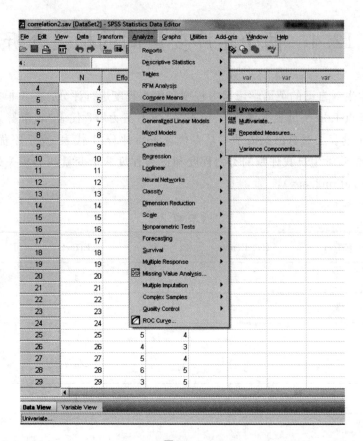

图 12.4

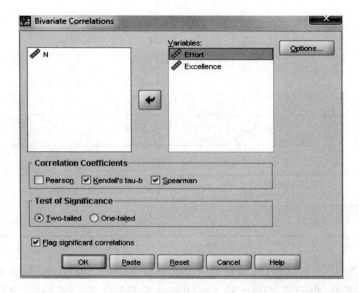

图 12.5

表 12.4

Correlations

			Effort	Excellence
Kendall's tau_b	Effort	Correlation Coefficient	1.000	.496**
		Sig. (2-tailed)	.	.001
		N	30	30
	Excellence	Correlation Coefficient	.496**	1.000
		Sig. (2-tailed)	.001	.
		N	30	30
Spearman's rho	Effort	Correlation Coefficient	1.000	.562**
		Sig. (2-tailed)	.	.001
		N	30	30
	Excellence	Correlation Coefficient	.562**	1.000
		Sig. (2-tailed)	.001	.
		N	30	30

** Correlation is significant at the .01 level (2-tailed).

结果显示，Kendall's tau＝.496，p＝.001；而 Spearman's rho＝.562，p＝.001。两个相关检验结果均表明两个变量存在显著正线性相关关系，即努力程度高的同学自认为英语学习越优秀。

12.5　两个分类变量间的相关分析

我们调查大学生对于大学英语学习是否满意。被试包含男女生各 30 名，结果如下（表 12.5）（数据：correlation3.sav）。我们需要考察男生和女生的满意程度是否存在相关关系。

表 12.5

	男生	女生
满意	18	22
不满意	12	8

如果两个变量都是分类变量，进行相关分析时，在 SPSS 中输入数据的方法与进行卡方检验时输入数据的方法相同，如图 12.6：

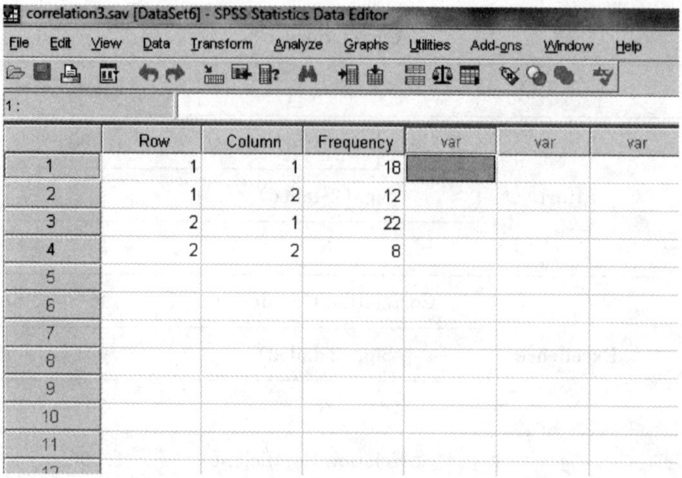

图12.6

然后,我们对Frequency变量进行加权处理。在菜单中选择Data—Weight Cases,在弹出的对话框中,将Frequency变量移入右边的Weight cases by—Frequency Variable中,如图12.7:

加权处理后,我们在菜单中选择Analyze—Descriptive Statistics—Crosstabs,如图12.8:

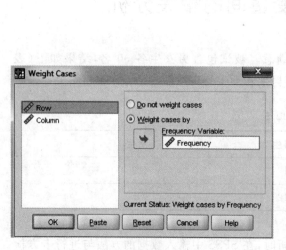

图12.7 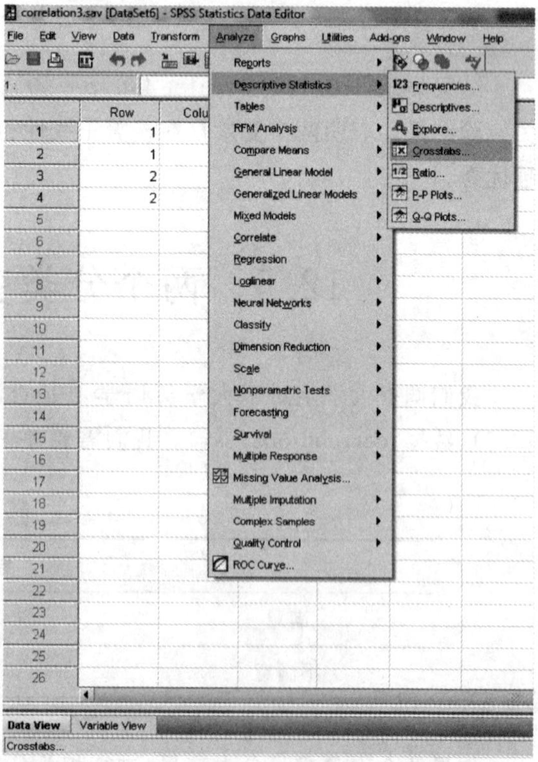　　　　　　　　　　　　图12.8

在弹出的对话框中,将 Row 变量移入 Row(s)下面的空白中,将 Column 变量移入 Column(s)下面的空白中,如图 12.9:

然后,点击图 12.9 中的 Statistics 按钮,在弹出的对话框中勾选 Nominal 下面的 Contingency coefficient 和 Phi and Cramer's V,如图 12.10。选择 Continue,回到图 12.9。最后点击图 12.9 中的 OK,查看结果。

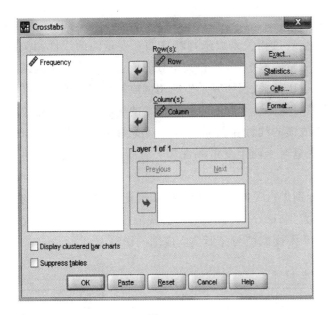

图 12.9

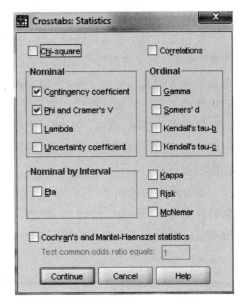

图 12.10

表 12.6 中列出了列联表的频数和 marginal frequency。

表 12.6

		Row * Column Crosstabulation		
		Count		
		Column		Total
		1	2	
Row	1	18	12	30
	2	22	8	30
Total		40	20	60

表 12.7 中列出了相关分析的结果。

表 12.7

Symmetric Measures			
		Value	Approx. Sig.
Nominal by Nominal	Phi	−.141	.273
	Cramer's V	.141	.273
	Contingency Coefficient	.140	.273
N of Valid Cases		60	

Phi 系数为 $-.141, p=.273$, Cramer's V 系数为 $.141, p=.273$, 列联表系数为 $.140, p=.273$。三项非参数检验的相关系数均表明, 两个变量不存在显著相关关系。

12.6 偏相关分析

我们研究两个变量的线性相关关系, 往往通过相关系数来判断这两个变量间的线性相关强度。但是, 如果这两个变量都受到另一个变量的影响, 线性相关系数的值就可能并不是这两个变量真实相关关系的体现, 可能会被扭曲。比如, 我们研究学生的阅读成绩与完形填空成绩的线性相关关系。阅读成绩和完形填空成绩可能都会受到学生的词汇量的影响。如果不排除词汇量变量的影响, 则阅读成绩与完形填空成绩的线性相关系数可能会受到词汇量变量的影响而产生扭曲。如果我们需要排除另一个变量对于两个变量线性相关分析的影响, 则需要进行偏相关分析。

如上面提到的例子, 我们对 40 名同学分别进行了阅读、完形填空和词汇测试, 三项测试的总分分别为 40 分、10 分、10 分, 如表 12.8(数据: correlation4.sav)。我们进行阅读成绩与完形填空成绩的相关分析, 并控制词汇成绩对于阅读成绩与完形填空成绩的影响。

表 12.8

Reading	Cloze	Vocabulary	Reading	Cloze	Vocabulary
34	7	9.5	36	6	8.5
34	7.5	8.5	24	6.5	9
18	5	8	24	8.5	8
30	7	8.5	28	5	6.5
34	8	9	26	6.5	8
30	7.5	10	10	5	5
26	7.5	8.5	34	7.5	8.5
34	8	9.5	28	7.5	7.5
30	8	9	30	7	8
30	6.5	8.5	24	7	8.5
28	3.5	5.5	32	6	9.5
32	6.5	10	32	7.5	9
32	6.5	9.5	32	8	7.5
28	6.5	7	22	4.5	6.5
32	8.5	8.5	22	5.5	4
32	8	9	24	7.5	5.5
38	7.5	9	28	6	8.5
32	7.5	5.5	34	6	8
24	4.5	9	34	8.5	8
32	7	8	32	8	9

首先, 在 SPSS 输入数据, 如图 12.11。

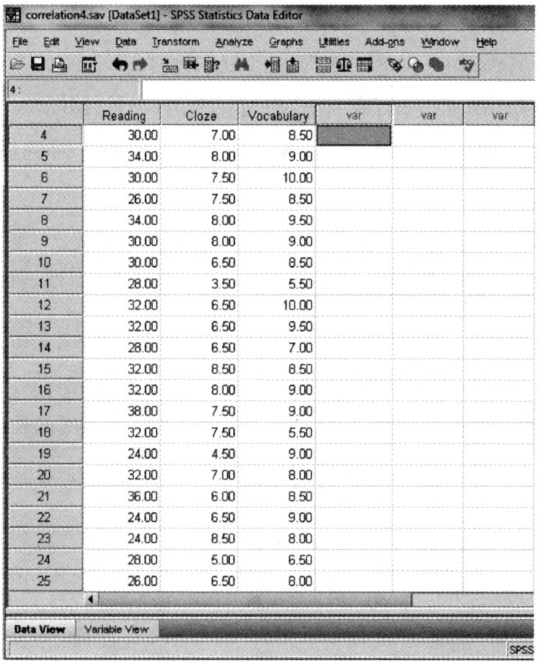

图 12.11

然后，在菜单中选择 Analyze—Correlate—Partial，如图 12.12。

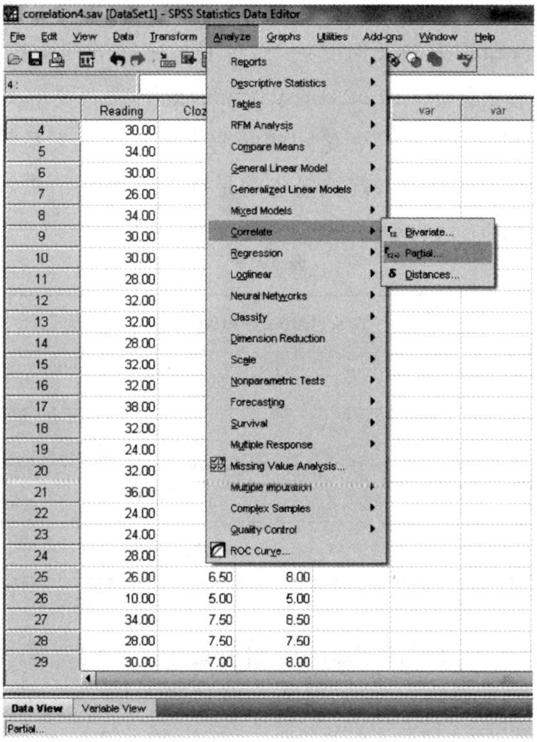

图 12.12

在弹出的对话框中,将 Reading 和 Cloze 变量移入 Variables 下面的空白处,将 Vocabulary 变量移入 Controlling for 下面的空白处,如图 12.13。

点击图 12.13 中的 Options 按钮,在弹出的对话框中勾选 Means and Standard deviations 和 Zero-order correlations,如图 12.14。最后,点击 Continue 返回到图 12.13 对话框,并点击 OK 查看结果。

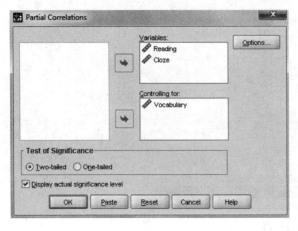

图 12.13

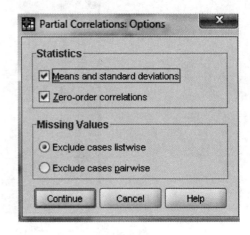

图 12.14

偏相关分析中,如果控制变量为一个,则偏相关系数为一阶偏相关系数;如果控制变量为两个,则为二阶偏相关系数。如果控制变量为零个,则为零阶偏相关系数,等同于我们在前面所述的 Pearson 相关系数,即不控制任何变量时,各变量之间的两两相关系数。

图 12.14 中,我们勾选了 Zero-order correlations,说明我们要求 SPSS 报告零阶偏相关系数,即不控制 Vocabulary 变量时,三个变量间的两两 Pearson 相关系数。

统计结果如表 12.9 和表 12.10。首先报告的是描述性统计结果,见表 12.9。

表 12.9

Descriptive Statistics			
	Mean	Std. Deviation	N
Reading	29.1500	5.37587	40
Cloze	6.8000	1.21845	40
Vocabulary	8.0750	1.40306	40

表 12.10 第一部分报告的是零阶 Pearson 相关系数。我们发现,阅读成绩与完形填空成绩的 Pearson 相关系数 $r=.498, p=.001$,具有显著正线性相关关系。词汇成绩与阅读成绩和完形填空成绩也具有显著正线性相关关系(Pearson 相关系数 r 分别为 .532 和 .403,p 值分别为 .000 和 .010)。

表 12.10

Correlations

Control Variables		Reading	Cloze	Vocabulary
-none-[a]	Reading	Correlation	1.000	.498	.532
		Significance (2-tailed)	.	.001	.000
		df	0	38	38
	Cloze	Correlation	.498	1.000	.403
		Significance (2-tailed)	.001	.	.010
		df	38	0	38
	Vocabulary	Correlation	.532	.403	1.000
		Significance (2-tailed)	.000	.010	.
		df	38	38	0
Vocabulary	Reading	Correlation	1.000	.366	
		Significance (2-tailed)	.	.022	
		df	0	37	
	Cloze	Correlation	.366	1.000	
		Significance (2-tailed)	.022	.	
		df	37	0	

a. Cells contain zero-order (Pearson) correlations.

表 12.10 第二部分报告的是控制了词汇成绩变量的影响之后的偏相关分析的结果。结果表明,当控制了词汇变量之后,阅读成绩与完形填空成绩的 Pearson 相关系数 $r=.366, p=.022$,结果说明阅读成绩与完形填空成绩存在显著正线性相关关系。

我们发现,在控制了词汇成绩变量的影响之后,阅读成绩与完形填空成绩的 Pearson 相关系数 r 由 .498 下降到 .366, p 值由 .001 上升到 .022,说明控制词汇成绩变量之前的 Pearson 相关系数(即零阶相关系数)被扭曲了(被夸大了)。

12.7 练 习

1. 数据 correlation_practice1.sav 中包含了某班学生三次测试的成绩。
(1) 请统计 Test1 和 Test2 两次考试成绩的相关关系;
(2) 请控制 Test3 成绩,统计 Test1 和 Test2 两次考试成绩的偏相关关系。
2. 假设我们调查了本科生和研究生各 40 名对于计算机辅助外语教学的看法。具体数据如下:

	本科生	研究生
有很大帮助	18	15
有帮助	10	14
没有帮助	12	11

请统计本科生和研究生对于计算机辅助外语教学的看法是否有相关关系。由于两个变量都是分类变量，进行相关分析时，可以使用卡方检验。

第 13 章 回归分析

13.1 什么是回归分析

回归分析(Regression Analysis)研究的是一个因变量与一个或多个自变量之间的因果关系,或者说,回归分析研究的是,当一个或多个自变量的值产生变化时,因变量的值是如何变化的。通过回归分析,我们可以计算出描述因变量与自变量间因果变化关系的回归方程(Regression Equation),或者说,通过回归分析计算出的回归方程,我们可以通过已知的自变量的值来预测因变量的值。

根据自变量的数目,回归分析可以分为一元回归和多元回归。如果只有一个自变量,称作一元回归,如果有两个或多个自变量称作多元回归。根据自变量和因变量的数据类型,回归分析可以分为线性回归和其他回归分析。本章我们主要讨论线性回归分析。

回归分析和相关分析是两种不同的统计检验。相关分析描述的是两个变量间的相关关系,而回归分析描述的是因变量与自变量之间的回归关系或因果关系。比如,我们研究词汇测试成绩和阅读成绩之间的相关关系,如果二者存在显著正相关关系,则可以说,随着词汇成绩的升高,阅读成绩也升高;随着词汇成绩的下降,阅读成绩也下降。但是,我们并不能说阅读成绩的高低是由词汇成绩的高低所决定的,也不能说词汇成绩可以预测阅读成绩。通过相关分析,当我们知道了某学生的词汇成绩时,我们并不能由此预测其阅读成绩,反之亦然。

如果我们以词汇测试成绩为自变量,以阅读成绩为因变量对二者的关系进行了回归分析,发现二者存在显著回归关系,那么,我们可以说阅读成绩的高低部分地由词汇成绩的高低所决定,或者说,词汇成绩可以部分地预测阅读成绩。通过回归分析计算出的描述词汇成绩和阅读成绩的回归方程,我们可以通过某学生的词汇成绩,预测其阅读成绩。

"回归"一词由英国学者 Francis Galton 提出。Galton 研究了父母平均身高与子女平均身高的关系,发现高个子父母子女的平均身高也较高,但不会超过父母的平均身高;矮个子父母子女的平均身高也较矮,但不会低于其父母的平均身高。因此,子女平均身高会朝向描述父母平均身高的直线"回归"。Galton 建立了父母与子女身高关系的回归方程:$y=29.4+0.57x$。其中,x 为父母平均身高,y 为子女平均身高的估计值,单位为英寸。比如,父母平均身高为 66.93 英寸(约 1.70 米),则子女可能的身高为 $29.4+0.57\times66.93=67.55$ 英寸(约 1.72 米)。

13.2 回归方程

线性回归分析就是建立类似于上述 Galton 的父母身高与子女身高回归关系的回归方程,并对回归方程进行相关的统计检验。我们一般将回归方程表示为:

$$y = a + bx$$

其中,y 为因变量 y 的估计值,x 为自变量的值;a 为截距(Intercept),即当自变量 x 取值为 0 时 y 的值;b 为回归直线的斜率(Slope),也称作回归系数(Regression Coefficient),b 为当自变量 x 变化一个单位值时 y 的变化值。比如上述回归方程为:$y = 29.4 + 0.57x$,y 为因变量子女身高的估计值,x 为父母的平均身高;29.4 为截距,即当父母身高取值为 0 英寸时,子女身高的估计值为 29.4 英寸;0.57 为斜率,即当父母身高每增高 1 英寸,子女身高的估计值就增高 0.57 英寸。

13.3 对回归方程进行检验

当我们建立了回归方程之后,就要对回归方程进行相关统计检验。我们可以通过下面几个统计检验来对已建立的回归方程进行统计检验[①]。

13.3.1 R 平方等参数

对于回归方程的拟合优度(Goodness-of-Fit)检验,可以通过 R^2 和 Adjusted R^2 值来判断。R^2 称作决定系数,其取值范围是 0~1。R^2 体现了回归方程所解释的因变量方差的百分比。比如,$R^2 = .45$,说明回归方程中的自变量解释了因变量 45% 的方差。

R^2 的值越接近 1,说明回归方程的拟合优度越高。当 $R^2 = 1$ 时,所有观测值都落在回归直线上,说明自变量和因变量存在完全线性关系。R^2 的值越接近 0,则回归方程的拟合优度越低。当 $R^2 = 0$ 时,自变量和因变量不存在线性关系。

当自变量数目逐渐增大时,自变量数目可能会影响回归方程的数据拟合。adjusted R^2 对于自变量数目不敏感,可以更好地反映回归方程的数据拟合度。

13.3.2 回归方程的 F 检验

通过对回归方程的 F 检验,我们可以判断因变量与所有自变量之间是否具有显著线性关系,从而对回归方程的显著性进行检验。

[①] 薛薇.2006.基于 SPSS 的数据分析[M].北京:中国人民大学出版社.(第 9 章)
卢纹岱.2002.SPSS for Windows 统计分析(第 2 版)[M].北京:电子工业出版社.(第 11 章)

13.3.3 回归系数检验

通过对回归方程中自变量回归系数的 T 检验,我们判断各自变量能否有效地解释因变量的线性变化,从而判断某个自变量能否继续保留在回归方程中。如果某个自变量的回归系数不具有显著性,则说明该自变量不宜继续保留在回归方程中,应从回归方程中剔除该自变量。

13.3.4 Durbin-Watson 检验

Durbin-Watson 检验(DW 检验)是对于回归方程中的误差项的独立性进行检验。DW 的取值为 $0 < DW < 4$。

当 DW=2 时,残差与自变量相互独立,说明回归方程充分地解释了因变量的变化,回归方程的估计是可靠的;当 $DW < 2$ 时,相邻两点的残差呈正相关关系;当 $DW > 2$ 时,相邻两点的残差呈负相关关系;说明回归方程没有充分地解释因变量的变化,回归方程还有进一步改进修正的可能,比如,我们可以在回归方程中增加其他可以解释因变量变化的自变量。

13.3.5 共线性诊断

回归方程中各自变量间可能存在较强的线性相关关系,那么该回归方程可能存在共线性问题。因此,在建立了回归方程之后,我们还需要对回归方程进行共线性诊断。我们可以通过下面几个统计量对回归方程进行共线性诊断。

13.3.6 容忍度

容忍度的取值为 0~1。容忍度值越接近 0,说明共线性越强;容忍度值越接近 1,说明共线性越弱。

13.3.7 方差膨胀因子

VIF 值大于 1。如果 VIF 值大于 10,则说明回归方程有较严重的共线性问题。

13.3.8 条件指数

当 $0 \leqslant CI < 10$ 时,回归方程的共线性问题较弱;当 $10 \leqslant CI < 100$ 时,回归方程的自变量间的共线性较强;当 $CI \geqslant 100$ 时,回归方程存在严重的共线性问题。

13.4 回归分析实例

下面我们来看一个回归分析的实例。我们研究中国大学生英语学习成功归因与他们英语成绩的关系。我们首先通过问卷调查,调查了116名大学生被试的英语学习成功归因。因子分析结果显示,大学生将英语学习的成功归因于努力、教师影响、信心和实际运用等四个因素。另外,我们还搜集了被试大学英语四级考试的成绩作为他们的英语成绩变量。

问题:努力(Factor 1)、教师影响(Factor 2)、信心(Factor 3)和实际运用(Factor 4)等四个因素与被试的英语成绩(CET 4)是否存在线性回归关系?(见表13.1;数据:regression.sav)

表 13.1

N	CET 4	Factor 1	Factor 2	Factor 3	Factor 4
1	545	−1.79870	−1.20736	0.24287	0.34444
2	496	0.32008	−0.82430	0.57040	−0.09202
3	542	0.95136	−0.47068	−0.13153	−0.40044
4	500	−0.64010	0.33704	−0.45140	0.44960
5	476	0.38551	0.49318	0.45126	1.42185
6	605	0.45963	−0.48667	−0.23192	0.55778
7	498	−0.93717	0.47277	0.51434	0.10037
8	467	0.44278	0.42458	0.14560	0.21353
9	425	−1.27432	1.05048	−0.66656	1.40958
10	415	−0.93989	−1.39757	−0.81956	−0.97577
11	538	−0.81763	0.02238	−0.66506	−1.61788
12	441	0.58798	1.14461	−0.05058	0.22118
13	548	0.22349	0.79163	0.00267	−0.09897
14	492	−0.60014	0.36484	0.64135	−0.37231
15	440	−0.60083	0.75434	0.64533	0.42442
16	473	−0.57167	−0.06151	1.57540	−0.75705
17	556	−0.35647	1.20293	−0.20551	−0.14433
18	519	−1.28436	−1.62091	0.74716	−1.01751
19	506	0.54490	0.37833	−0.52994	−1.07066
20	516	−1.22710	−1.73285	0.11674	−0.90352
21	432	−0.61458	−0.50230	−0.47865	−0.14786
22	425	−1.08898	0.72240	−0.42048	−1.10711

续表

N	CET 4	Factor 1	Factor 2	Factor 3	Factor 4
23	542	0.82939	0.25475	−1.02527	0.37986
24	447	−0.49303	−0.80798	−0.49147	−0.65185
25	548	−0.75224	0.28793	−0.39015	−0.05739
26	508	0.95510	0.79336	0.81942	0.65809
27	499	−0.26894	−0.02425	0.75815	−0.15840
28	447	1.66322	0.47032	1.50509	1.40202
29	586	0.47120	−0.47002	−1.20047	−1.36558
30	407	−0.47104	0.02361	−0.36019	−1.21139
31	482	−0.25458	−0.46115	0.34082	1.07268
32	504	0.57362	0.35513	−0.38791	0.37068
33	506	−0.26533	1.92018	0.30562	−1.42408
34	600	0.56892	−0.45051	0.27995	−0.04939
35	527	1.22108	0.79904	0.77125	0.49068
36	530	0.52819	−1.17649	0.84473	0.34943
37	581	−0.51157	0.29853	−0.43615	−0.25109
38	576	−1.27027	−0.49044	−0.92353	−1.12701
39	580	−0.34345	−0.17406	−0.19968	0.39191
40	506	−0.63036	0.69696	0.50382	−0.37731
41	572	−0.79763	−0.83149	0.59536	−0.26895
42	567	−0.04821	0.73208	0.87555	1.01615
43	559	1.34928	0.75958	1.33527	1.32090
44	570	−0.26769	0.35355	−0.73418	−0.66161
45	628	1.28588	0.69032	0.34480	0.24219
46	578	1.25000	−1.72991	0.49147	0.20463
47	546	0.04460	−2.00030	−0.04830	−0.11269
48	555	−0.56271	0.72131	−2.11047	−0.23423
49	520	0.22926	0.65856	0.86260	0.99050
50	573	−0.02189	0.38129	0.30817	0.79414
51	523	−0.36248	1.11113	−1.03378	−0.03096
52	506	−1.32467	−2.57672	−1.81322	−1.02482
53	597	0.55337	0.45082	0.76320	1.08180
54	545	−0.19648	−0.47063	−0.55302	−0.64490

续表

N	CET 4	Factor 1	Factor 2	Factor 3	Factor 4
55	511	0.23880	−0.46151	0.49824	0.15579
56	492	0.01504	0.20251	−1.26443	−0.43327
57	483	0.35301	−0.25116	0.49626	−0.97832
58	431	−0.84332	−0.86463	−0.22597	0.50839
59	570	0.74280	−1.41193	−0.28390	2.06561
60	450	−1.07763	−0.60571	−1.38578	−0.59512
61	557	−0.14762	0.67162	−1.23881	0.88671
62	494	0.20259	−0.00747	0.89427	0.15726
63	460	−0.63901	0.31084	−0.96646	−0.28427
64	478	−0.34994	−0.52149	−0.14101	1.58201
65	500	−1.52689	−0.52640	−0.40988	−0.57384
66	475	−1.64149	0.65045	−0.69524	−0.07135
67	476	0.82921	−0.01134	−0.13431	−0.29966
68	532	−0.65129	0.01407	−0.99566	−1.86927
69	486	0.34569	1.18144	−0.16827	−0.06294
70	556	−0.89645	−0.01979	−1.39177	−1.44861
71	552	0.59228	−0.37860	1.61418	0.40988
72	543	−0.10005	−0.86652	−0.31072	−0.48993
73	557	0.16876	−0.52243	0.55748	0.31613
74	553	0.45808	−1.79634	−0.26421	−1.07281
75	551	−0.71973	−1.79249	−0.18560	1.81570
76	540	0.54211	1.62126	1.17441	1.73098
77	535	−0.54890	−0.94743	0.48543	0.59341
78	566	−0.18089	−2.97445	−0.02580	−1.06487
79	511	−1.83627	−1.31179	−1.50357	−0.94906
80	580	−0.39587	−0.02440	0.63900	1.56488
81	525	−0.48666	−0.53071	−1.14882	0.15539
82	527	−3.34547	−3.04566	0.43779	−0.04443
83	591	−0.35285	−1.72152	0.61374	0.61318
84	548	0.39211	−1.66794	−0.59948	−0.47079
85	590	0.78775	0.21542	2.09073	0.90998
86	594	0.71259	−1.21433	0.83745	0.54051

续表

N	CET 4	Factor 1	Factor 2	Factor 3	Factor 4
87	629	−1.18226	−1.98973	0.63897	−0.35829
88	593	−0.13553	−0.57888	0.06796	0.37864
89	555	−1.28842	−1.67542	0.22386	−1.21600
90	631	1.01930	−0.83800	0.35740	0.86580
91	575	0.63197	0.72289	0.63989	0.37265
92	584	0.42245	0.01899	0.73836	0.56022
93	533	−1.44898	0.30704	0.93100	0.49318
94	513	0.59321	−1.67725	−1.04363	−0.46016
95	556	−0.68470	−0.02807	−0.93832	−0.26578
96	527	−0.49044	−1.23432	−0.11794	0.54211
97	539	0.69939	−1.28807	−0.51144	0.03554
98	539	−0.41378	−0.56244	−2.43818	0.32790
99	465	−1.36033	0.72059	0.54778	−0.23489
100	474	−1.00455	0.72009	−0.18771	−0.49407
101	540	−0.27506	0.00090	0.02333	0.06004
102	448	−0.03357	−0.18023	−0.34102	0.69818
103	555	2.26380	−0.40475	0.40455	0.42311
104	510	−1.17559	−0.90149	−0.26618	0.72262
105	490	0.25823	−0.44081	−0.54839	1.24298
106	525	−0.62865	0.38179	−0.25381	0.11355
107	493	−0.40322	−0.56296	−1.17826	−0.59698
108	559	0.36128	0.92455	1.73615	0.65763
109	487	−0.89202	−1.72915	0.54957	−0.45236
110	558	−0.25132	−1.21001	−0.65256	0.00119
111	525	0.15331	−1.29340	−0.78946	−0.11241
112	497	0.30752	1.88881	0.59696	−0.43212
113	480	0.73228	1.62086	1.83718	1.31598
114	546	0.47584	0.05328	0.20502	0.14950
115	438	−0.38724	−0.43096	0.08216	0.23999
116	371	0.60064	0.71844	0.26121	0.78506

首先，在 SPSS 中打开数据，如图 13.1：

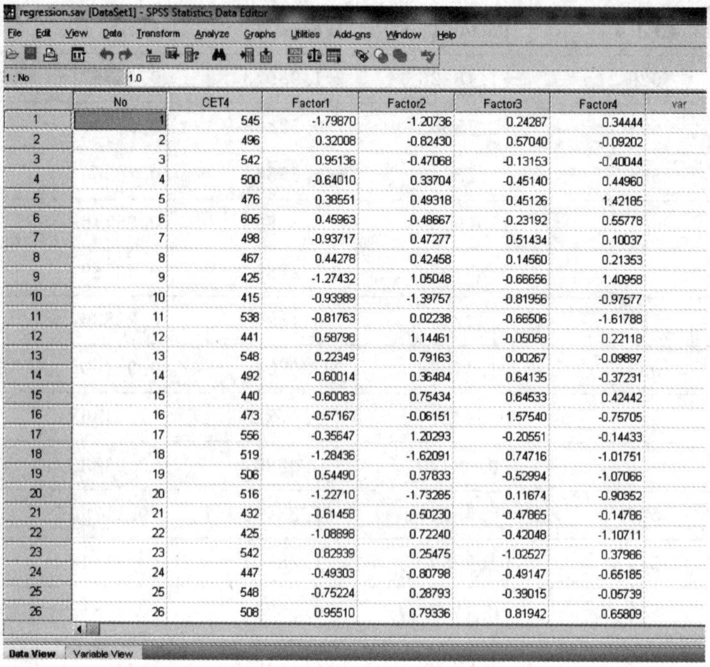

	No	CET4	Factor1	Factor2	Factor3	Factor4	var
1	1	545	-1.79870	-1.20736	0.24287	0.34444	
2	2	496	0.32008	-0.82430	0.57040	-0.09202	
3	3	542	0.95136	-0.47068	-0.13153	-0.40044	
4	4	500	-0.64010	0.33704	-0.45140	0.44960	
5	5	476	0.38551	0.49318	0.45126	1.42185	
6	6	605	0.45963	-0.48667	-0.23192	0.55778	
7	7	498	-0.93717	0.47277	0.51434	0.10037	
8	8	467	0.44278	0.42458	0.14560	0.21353	
9	9	425	-1.27432	1.05048	-0.66656	1.40958	
10	10	415	-0.93989	-1.39757	-0.81956	-0.97577	
11	11	538	-0.81763	0.02238	-0.66506	-1.61788	
12	12	441	0.58798	1.14461	-0.05058	0.22118	
13	13	548	0.22349	0.79163	0.00267	-0.09897	
14	14	492	-0.60014	0.36484	0.64135	-0.37231	
15	15	440	-0.60083	0.75434	0.64533	0.42442	
16	16	473	-0.57167	-0.06151	1.57540	-0.75705	
17	17	556	-0.35647	1.20293	-0.20551	-0.14433	
18	18	519	-1.28436	-1.62091	0.74716	-1.01751	
19	19	506	0.54490	0.37833	-0.52994	-1.07066	
20	20	516	-1.22710	-1.73285	0.11674	-0.90352	
21	21	432	-0.61458	-0.50230	-0.47865	-0.14786	
22	22	425	-1.08898	0.72240	-0.42048	-1.10711	
23	23	542	0.82939	0.25475	-1.02527	0.37986	
24	24	447	-0.49303	-0.80798	-0.49147	-0.65185	
25	25	548	-0.75224	0.28793	-0.39015	-0.05739	
26	26	508	0.95510	0.79336	0.81942	0.65809	

图 13.1

然后，在菜单中依次点击 Analyze-Regression-Linear，如图 13.2：

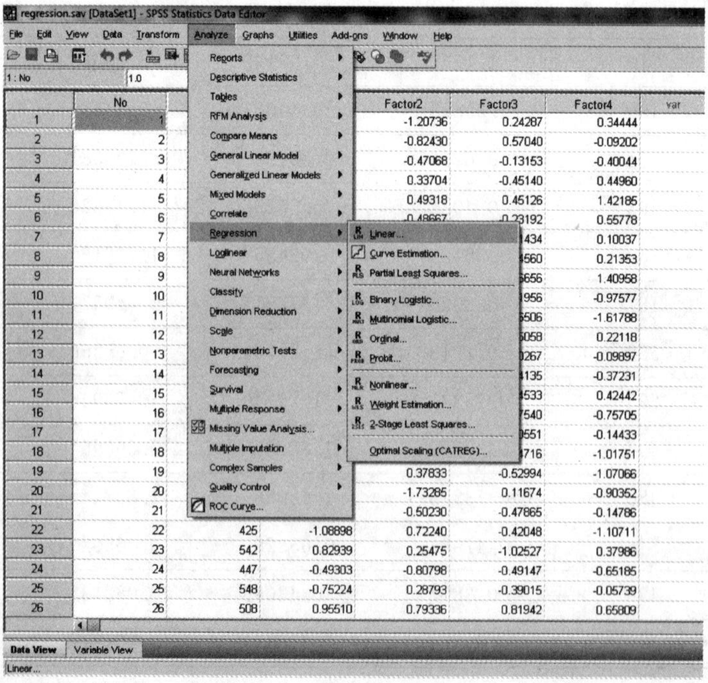

图 13.2

在弹出的对话框中,将 CET 4 变量移入右边的 Dependent 下面的空白处;将 Factor 1、Factor 2、Factor 3、Factor 4 移入 Independent(s)下面的空白处。

Method 右边的下拉菜单中显示有五种 SPSS 对进入回归方程的自变量进行筛选的方法(薛薇,2006;卢纹岱,2002)。

Enter:强行进入法,即强行将所有自变量都纳入回归方程。如果是一元线性回归分析,则选择强行进入法。如果是多元线性回归分析,也可以首先选择强行进入法,然后对建立的回归方程进行相关统计检验,并观察所有进入回归方程的自变量是否符合相关检验;如果不符合相关检验,则需要对模型进行修正。

Remove:剔除法,即根据研究者设定的消除条件,将某个或某些自变量从回归方程中剔除。

Forward:向前筛选法。使用向前筛选法时,回归模型初始状态没有任何自变量进入回归模型。向前筛选法将所有符合 Options 中设定的 F 值判断标准的自变量逐个筛选进入回归方程,最先进入回归模型的是与因变量相关系数绝对值最大的自变量。

Backward:向后剔除法。使用向后剔除法时,首先将所有自变量引入回归方程,然后根据 Options 中设定的 F 值判断标准,逐个将最不符合判断标准的自变量剔除出回归方程。

Stepwise:逐步筛选法。向前筛选法将自变量逐个引入回归方程,某个自变量一旦进入回归方程,将不会再被剔除出回归方程。然而,随着自变量数目的增加,回归方程出现共线性问题的几率也会增加。逐步筛选法则综合应用了向前筛选法和向后剔除法的筛选和剔除自变量的方法。该方法首先根据向前筛选的原则,将自变量逐个引入回归方程;每引入一个自变量的同时,结合向后剔除的方法,重新计算已进入回归方程的变量中是否存在可以剔除的不具有显著意义的变量。由于结合了向前筛选法和向后剔除法优势,逐步筛选法是多元线性回归分析中使用较多的一种筛选自变量的方法。

为了演示如何对回归模型进行检验,我们首先选择强行进入法(Enter),强行将所有四个自变量都纳入回归。然后点击图 13.3 中 Statistics 按钮,在弹出的对话框中勾选 Estimates, Model fit, R squared change, Descriptives, Part and partial correlations, Collinearity diagnostics 和 Durbin-Watson。如图 13.4。然后点击图 13.4 中的 Continue,返回到图 13.3 界面。最后,点击图 13.3 中的 OK 按钮,查看统计结果。

统计结果首先显示的是描述性统计结果,如表 13.2。

表 13.2

Descriptive Statistics

	Mean	Std. Deviation	N
CET 4	522.58	51.268	116
Factor 1	−.1642381	.83947168	116
Factor 2	−.2379852	.99754215	116
Factor 3	−.0123008	.82511935	116
Factor 4	.0535465	.79787454	116

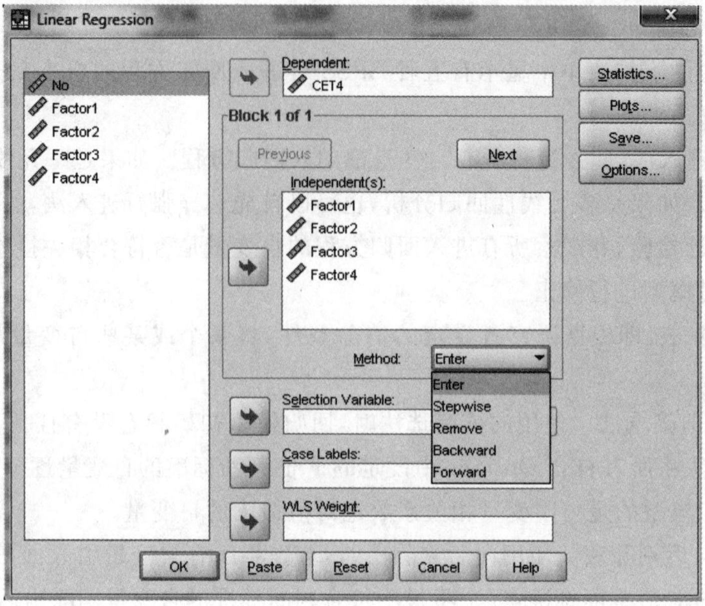

图 13.3

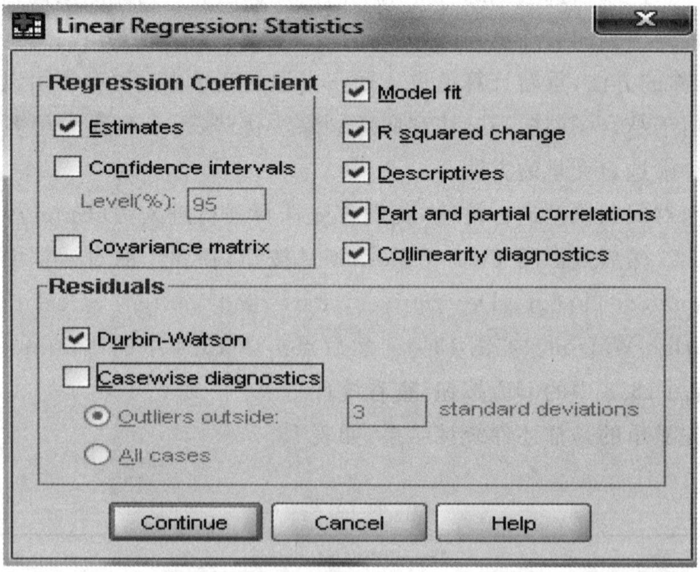

图 13.4

然后显示的是因变量与各个自变量的线性相关(Pearson Correlation)统计结果。如表 13.3。结果显示,CET 4 与 Factor 1 具有显著正线性相关关系,与 Factor 2 具有显著负线性相关关系,而与 Factor 3 和 Factor 4 没有显著线性相关关系。这一结果说明,Factor 1 和 Factor 2 进入回归方程比较合适,而 Factor 3 和 Factor 4 可能不适合进入回归方程。

表 13.3

		CET 4	Factor 1	Factor 2	Factor 3	Factor 4
				Correlations		
Pearson Correlation	CET 4	1.000	.210	−.209	.102	.091
	Factor 1	.210	1.000	.259	.311	.350
	Factor 2	−.209	.259	1.000	.179	.197
	Factor 3	.102	.311	.179	1.000	.400
	Factor 4	.091	.350	.197	.400	1.000
Sig. (1-tailed)	CET 4	.	.012	.012	.137	.164
	Factor 1	.012	.	.002	.000	.000
	Factor 2	.012	.002	.	.027	.017
	Factor 3	.137	.000	.027	.	.000
	Factor 4	.164	.000	.017	.000	.
N	CET 4	116	116	116	116	116
	Factor 1	116	116	116	116	116
	Factor 2	116	116	116	116	116
	Factor 3	116	116	116	116	116
	Factor 4	116	116	116	116	116

表 13.4 显示的是进入或剔除出回归方程的变量。由于所有自变量都进入了方程,所以第一列显示只有一个回归模型。第二列显示所有要求进入模式的变量(Factor 1、Factor 2、Factor 3、Factor 4)均进入了回归模型。第三列显示没有变量被剔除出模型。第四列显示选择的是强行进入法。

表 13.4

Variables Entered/Removed

Model	Variables Entered	Variables Removed	Method
1	Factor 4,Factor 2,Factor 1,Factor 3[a]	.	Enter

a. All requested variables entered.

表 13.5 是模型的统计概要信息。我们发现,$R=.352$,$R^2=.124$,说明四个自变量因素解释了因变量 CET 4 的 12.4% 方差;adjusted $R^2=.093$,说明排除自变量数目的影响后,四个自变量因素解释了因变量 CET 4 的 9.3% 方差。

表 13.5 中还显示了 DW 检验的结果。DW=1.596,相邻两点的残差呈正相关关系;说明回归方程没有充分地解释因变量的变化,还有进一步改进修正的可能。

表 13.5

Model Summary[b]

Model	R	R Square	Adjusted R Square	Std. Error of the Estimate	Change Statistics					Durbin-Watson
					R Square Change	F Change	df 1	df 2	Sig. F Change	
1	.352[a]	.124	.093	48.835	.124	3.936	4	111	.005	1.596

a. Predictors：(Constant),Factor 4,Factor 2,Factor 1,Factor 3
b. Dependent Variable：CET 4

表 13.6 是对整个回归方程进行 F 检验的结果。当四个自变量进入模型后,它们解释的因变量的方差量为 37549.441,而残差为 264718.860,因变量 CET 4 还有很大一部分方差没有被解释。说明除了四个自变量外,还有其他变量可以解释因变量 CET 4。这与我们在上表中观察到的 DW 检验的结果是一致的。我们将此结果解释为：除了成功归因的努力、教师影响、信心和实际运用等四个因素外,还有其他很多变量,如学生的努力程度、学习策略、学习风格等因素,都可能对学习成绩造成影响。当然,本研究关注的焦点是成功归因的四个因素与学习成绩的关系,所以我们没有考虑其他变量与学习成绩的关系。

另外,对于整个回归模型的 F 检验,$F=3.936, p.=.005$,说明整个回归模型具有显著意义。

表 13.6

ANOVA[b]

Model		Sum of Squares	df	Mean Square	F	Sig.
1	Regression	37549.441	4	9387.360	3.936	.005[a]
	Residual	264718.860	111	2384.855		
	Total	302268.302	115			

a. Predictors：(Constant),Factor 4,Factor 2,Factor 1,Factor 3
b. Dependent Variable：CET 4

表 13.7 是回归系数表。我们发现,Factor 1 的回归系数为 $15.541, t=2.582, p.=.011$,说明 Factor 1 回归系数显著,可以进入回归方程;Factor 2 的回归系数为 $-15.056, t=-3.155, p.=.002$,说明 Factor 2 回归系数显著,可以进入回归方程;Factor 3 的回归系数为 $3.812, t=.619, p.=.537$,说明 Factor 3 回归系数不显著,不能进入回归方程;Factor 4 的回归系数为 $2.293, t=.354, p.=.724$,说明 Factor 4 回归系数不显著,不能进入回归方程。

表 13.7 报告的对回归系数显著性进行检验的结果与上面我们看到的因变量与各个自变量之间的线性相关统计结果是一致的。通过上面的线性相关统计,我们也发现,因变量 CET 4 与 Factor 1、Factor 2 有显著线性相关关系,而与 Factor 3、Factor 4 不存在显著线性相关关系。

表 13.7

Coefficients[a]

Model		Unstandardized Coefficients		Standardized Coefficients	t	Sig.	Correlations			Collinearity Statistics	
		B	Std. Error	Beta			Zero-order	Partial	Part	Tolerance	VIF
1	(Constant)	521.471	4.768		109.369	.000					
	Factor 1	15.541	6.019	.254	2.582	.011	.210	.238	.229	.812	1.231
	Factor 2	−15.056	4.773	−.293	−3.155	.002	−.209	−.287	−.280	.915	1.093
	Factor 3	3.812	6.162	.061	.619	.537	.102	.059	.055	.802	1.246
	Factor 4	2.293	6.473	.036	.354	.724	.091	.034	.031	.778	1.286

a. Dependent Variable: CET 4

最后,我们来看共线性检验的结果。表 13.7 报告了容忍度和 VIF 的结果,表 13.8 报告了条件指数的结果。通过观察各个共线性检验数据,我们发现,回归模型的共线性问题较弱。

表 13.8

Collinearity Diagnostics[a]

Model	Dimension	Eigenvalue	Condition Index	Variance Proportions				
				(Constant)	Factor 1	Factor 2	Factor 3	Factor 4
1	1	1.888	1.000	.02	.12	.08	.10	.10
	2	1.180	1.265	.42	.01	.11	.07	.12
	3	.720	1.619	.31	.05	.76	.08	.00
	4	.643	1.714	.06	.59	.04	.53	.02
	5	.569	1.821	.19	.24	.00	.21	.76

a. Dependent Variable: CET 4

上面我们使用强行进入法,将四个归因因素全部引入回归模型,并对模型进行了相关统计检验。综合以上检验结果,当四个自变量因素都引入回归模型时,虽然回归模型 F 检验显著,但是由于 CET 4 与 Factor 3、Factor 4 不存在显著线性相关关系,并且 Factor 3 和 Factor 4 的回归系数不显著,不能进入回归方程,因此,我们需要对该回归模型进行修正。

下面我们使用逐步筛选法建立回归模型并对回归模型进行检验。

方法与上面的方法基本相同。不同之处在于,我们在 Method 下拉菜单中选择 Stepwise。如图 13.5。

另外,我们点击图 13.5 中 Options 按钮,在弹出的对话框中设定逐步进入回归方程的自变量的标准,如图 13.6。

SPSS 默认自变量进入回归方程的标准为 F 概率小于或等于.05,将自变量剔除出回归方

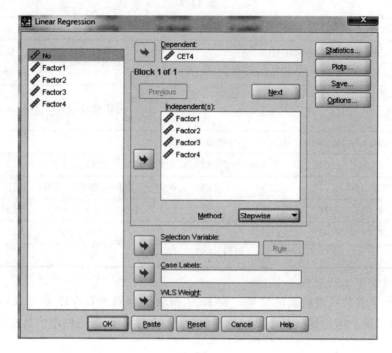

图 13.5

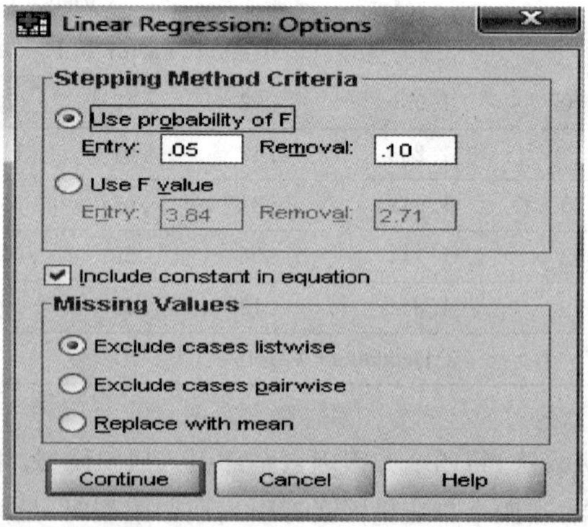

图 13.6

程的标准为 F 概率大于或等于.10。研究者也可以通过勾选 Use F value 自行设定引入和剔除自变量进入回归方程的 F 值。这里我们选择默认的 F 概率标准作为引入和剔除自变量进入回归方程的标准。我们点击图 13.6 中的 Continue,返回到上层界面(图 13.5)。最后,点击图 13.5 中的 OK 按钮,查看统计结果。

统计结果首先显示描述性统计结果(表 13.9)。

表 13.9

Descriptive Statistics

	Mean	Std. Deviation	N
CET 4	522.58	51.268	116
Factor 1	−.1642381	.83947168	116
Factor 2	−.2379852	.99754215	116
Factor 3	−.0123008	.82511935	116
Factor 4	.0535465	.79787454	116

然后显示的是因变量与各个自变量线性相关分析的结果(表 13.10)。这两个表格(表 13.9 和表 13.10)与上面强行进入法的结果相同。

表 13.10

Correlations

		CET 4	Factor 1	Factor 2	Factor 3	Factor 4
Pearson Correlation	CET 4	1.000	.210	−.209	.102	.091
	Factor 1	.210	1.000	.259	.311	.350
	Factor 2	−.209	.259	1.000	.179	.197
	Factor 3	.102	.311	.179	1.000	.400
	Factor 4	.091	.350	.197	.400	1.000
Sig. (1-tailed)	CET 4	.	.012	.012	.137	.164
	Factor 1	.012	.	.002	.000	.000
	Factor 2	.012	.002	.	.027	.017
	Factor 3	.137	.000	.027	.	.000
	Factor 4	.164	.000	.017	.000	.
N	CET 4	116	116	116	116	116
	Factor 1	116	116	116	116	116
	Factor 2	116	116	116	116	116
	Factor 3	116	116	116	116	116
	Factor 4	116	116	116	116	116

表 13.11 显示的是逐步筛选后进入或剔除出回归模型的自变量。模型 1 引入了 Factor 1,模型 2 在模型 1 的基础上,引入了自变量 Factor 2。我们发现,逐步筛选法没有引入 Factor 3 和 Factor 4,此结果与我们上面采用强行进入法分析的结果相同。

第四列说明通过逐步筛选法,自变量进入和剔除出回归方程的标准,即自变量 F 概率小于或等于.05 则进入回归方程,而自变量 F 概率大于或等于.10 则剔除出回归方程。

表 13.11

Model	Variables Entered	Variables Removed	Method
1	Factor 1	.	Stepwise (Criteria: Probability-of-F-to-enter <=.050, Probability-of-F-to-remove >=.100).
2	Factor 2	.	Stepwise (Criteria: Probability-of-F-to-enter <=.050, Probability-of-F-to-remove >=.100).

a. Dependent Variable: CET 4

表 13.12 是模型的统计概要信息。我们发现,模型 2 中,R=.344;R^2=.119,说明 Factor 1 和 Factor 2 两个自变量因素解释了因变量 CET 4 的 11.9% 方差;Adjusted R^2=.103,说明排除自变量数目的影响后,四个自变量因素解释了因变量 CET 4 的 10.3% 方差。

与上面使用强行进入法建立模型的结果相比较,我们发现,在剔除了 Factor 3 和 Factor 4 两个自变量后,R^2 值由.124 下降为.119,说明剔除了两个变量后,解释因变量 CET 4 的方差比例只下降了 5%。而 Adjusted R^2 由.093 上升到.103,说明剔除了两个变量后,排除自变量数目的影响后,解释因变量 CET 4 的方差比例上升了 1%。也就是说,在自变量数目减少一半后,回归模型的解释力没有太大波动。根据奥科姆剃刀(Occam's Razor)最简法则,选择 Factor 1 和 Factor 2 进入回归模型比选择四个因素都进入模型更经济。

表 13.12 中还显示了 DW 检验的结果。DW=1.555,与强行进入法中四个自变量都进入回归模型时的值(DW=1.596)没有大的变化。结果依然说明,回归方程没有充分地解释因变量的变化,还有进一步改进修正的可能。

表 13.12

Model Summary[c]

Model	R	R Square	Adjusted R Square	Std. Error of the Estimate	Change Statistics					Durbin-Watson
					R Square Change	F Change	df 1	df 2	Sig. F Change	
1	.210[a]	.044	.036	50.343	.044	5.264	1	114	.024	
2	.344[b]	.119	.103	48.558	.074	9.538	1	113	.003	1.555

a. Predictors: (Constant), Factor 1

b. Predictors: (Constant), Factor 1, Factor 2

c. Dependent Variable: CET 4

表 13.13 是对整个回归方程进行 F 检验的结果。模型 2 显示,当两个自变量进入模型后,它们解释的因变量方差量为 35829.985,而残差为 266438.317,说明除了四个自变量外,还有其他变量可以解释因变量 CET 4。解释的方差量与强行进入法中四个自变量都进入回归模型时的值(37549.441)没有大的变化。

整个回归模型的 F 检验结果显示,$F=7.598, p.=.001$,说明整个回归模型具有显著意义。F 检验结果与强行进入法中四个自变量都进入回归模型相比有所提高。

表 13.13

ANOVA[c]

Model		Sum of Squares	df	Mean Square	F	Sig.
1	Regression	13341.011	1	13341.011	5.264	.024[a]
	Residual	288927.290	114	2534.450		
	Total	302268.302	115			
2	Regression	35829.985	2	17914.992	7.598	.001[b]
	Residual	266438.317	113	2357.861		
	Total	302268.302	115			

a. Predictors:(Constant),Factor 1
b. Predictors:(Constant),Factor 1,Factor 2
c. Dependent Variable:CET 4

表 13.14 是回归系数表。模型 2 中,Factor 1 的回归系数为 17.302, $t=3.098, p.=.002$,说明 Factor 1 回归系数显著,可以进入回归方程;Factor 2 的回归系数为 $-14.515, t=-3.088, p.=.003$,说明 Factor 2 回归系数显著,可以进入回归方程。回归系数 t 检验结果与强行进入法中四个自变量都进入回归模型结果相当。

表 13.14

Coefficients[a]

Model		Unstandardized Coefficients		Standardized Coefficients	t	Sig.	Correlations			Collinearity Statistics	
		B	Std. Error	Beta			Zero-order	Partial	Part	Tolerance	VIF
1	(Constant)	524.685	4.764		110.144	.000					
	Factor 1	12.830	5.592	.210	2.294	.024	.210	.210	.210	1.000	1.000
2	(Constant)	521.965	4.678		111.571	.000					
	Factor 1	17.302	5.585	.283	3.098	.002	.210	.280	.274	.933	1.072
	Factor 2	−14.515	4.700	−.282	−3.088	.003	−.209	−.279	−.273	.933	1.072

a. Dependent Variable:CET 4

表 13.15 显示了逐步筛选法逐步筛选变量的过程。在模型 1 中,将 Factor 1 引入回归模型,剔除了 Factor 2、Factor 3 和 Factor 4 三个因素。由于模型 1 中,Factor 2 依然显著($p=$ .003),因此,在模型 2 中,将 Factor 2 也引入回归模型,将 Factor 3 和 Factor 4 两个因素排除在模型外。由于 Factor 3 和 Factor 4 不显著(p 值分别为.440 和.561),因此模型没有再将它们引入模型。

表 13.15

Excluded Variables[c]

Model		Beta In	t	Sig.	Partial Correlation	Collinearity Statistics		
						Tolerance	VIF	Minimum Tolerance
1	Factor 2	−.282[a]	−3.088	.003	−.279	.933	1.072	.933
	Factor 3	.041[a]	.424	.672	.040	.903	1.107	.903
	Factor 4	.020[a]	.209	.835	.020	.878	1.139	.878
2	Factor 3	.073[b]	.775	.440	.073	.893	1.120	.860
	Factor 4	.056[b]	.583	.561	.055	.865	1.156	.840

a. Predictors in the Model:(Constant),Factor 1
b. Predictors in the Model:(Constant),Factor 1,Factor 2
c. Dependent Variable:CET 4

最后,我们来看共线性检验结果(表 13.16)。通过回归系数表报告的容忍度和 VIF 结果及表 13.16 报告的条件指数结果,我们发现,回归模型的共线性问题较弱。

表 13.16

Collinearity Diagnostics[a]

Model	Dimension	Eigenvalue	Condition Index	Variance Proportions		
				(Constant)	Factor 1	Factor 2
1	1	1.193	1.000	.40	.40	
	2	.807	1.216	.60	.60	
2	1	1.481	1.000	.18	.21	.22
	2	.817	1.347	.77	.30	.05
	3	.702	1.452	.05	.49	.73

a. Dependent Variable:CET 4

综合以上建立回归模型和对模型进行检验的结果,大学生英语学习归因因素中的努力(Factor 1)和教师影响(Factor 2)因素与他们的英语成绩(CET 4)存在线性回归关系。其回归模型为:

$$四级英语成绩 = 521.965 + 17.302 \times 努力 + (-14.515) \times 教师影响$$

从回归模型可以判断,学生的四级英语成绩与其努力因素呈正相关关系,学生每努力一个单位,其成绩将提升17.302分;他们的四级英语成绩与教师影响因素呈负相关,教师影响每增加一个单位,其成绩将减少14.515分。当然,这只是根据回归分析结果做出的推测,我们还需通过已有相关研究、学生学习情况、教师因素等来做具体分析。

13.5 练 习

假设我们研究了大学生英语学习动机减退(Demotivation)与其学习成绩之间的关系,数据 regression_practice.sav 为该研究的数据。我们通过探索性因子分析将动机减退归为四个因子。请通过线性回归分析方法,分析四个动机减退因子中哪几个对学生成绩有预测作用。

第 14 章
探索性因子分析

14.1 什么是因子分析[①]

因子分析是简化多元数据以分析潜在维度或潜在因子的统计方法。潜在维度或潜在因子指的是单维度构念(Construct)或维度,即由观测变量构成的具有某种特性的数据集合。

因子分析分为探索性因子分析和验证性因子分析。若研究者对潜在维度的数目和结构不甚明了,使用因子分析的目的在于探索观测变量的维度,就是探索性因子分析。若研究者通过前人研究/文献或先验知识对因子数目或结构已做出了假设,只是对假设进行验证,就是验证性因子分析。探索性因子分析的结果可以通过验证性因子分析来验证其数据拟合情况。

探索性因子分析的目的可分为(1)仅仅为了简化数据和(2)分析潜在构念。研究者进行因子分析的目的有时只是为了在尽可能保持原始方差量的前提下将大量变量简化为更好控制的少量因子,并不对其潜在构念进行分析。而进行因子分析更多地是为了对潜在构念进行分析,比如对因子数目/结构所作的假设进行验证,或者帮助研究者编制或修正量表,或者验证已有量表的单一维性。当然,对假设模型进行验证的更好方法是进行验证性因子分析。

雷蕾、韦瑶瑜(2007)[②]通过问卷调查,研究了中国非英语专业大学生的写作障碍(Writer's Block)。本章以该研究部分数据为例,讨论如何进行探索性因子分析(数据:factor_analysis_1.sav)。该研究使用的量表共有 24 个题项(Items),或者说有 24 个变量。如果使用这 24 个变量(观测变量)来描述大学生的写作障碍,未免因子数量过多。因此,我们需要通过探索性因子分析,将这 24 个变量数据进行简化(Data Reduction),比如将之归纳成数个因子,以对大学生写作障碍更好地进行描述。

14.2 探索性因子分析的样本大小

我们在讨论探索性因子分析之前,先讨论一下探索性因子分析样本大小的问题。因子分

[①] 本章部分内容由作者 2005 年发表在《中国英语教育》第 4 期的论文《探索性因子分析与我国应用语言学研究》修改而成。

[②] 雷蕾,韦瑶瑜.2007.中国非英语专业大学生写作障碍实证研究[J].中国英语教学(5).

析中样本大小问题一直存在争议,说法不一,大致可以分为两类。第一类提出具体的样本大小数或变量数与被试数的比率关系。有人认为变量数与被试数之比应为 1∶5 或 1∶10;也有人认为被试数至少应为 100。第二类提出了变量数与因子数的比率关系,认为变量数与因子数之比至少应为 4∶1 或 5∶1。

14.3 量表信度检验

在对量表数据进行探索性因子分析之前,往往需要对量表信度进行检验。打开 factor_analysis_1.sav 数据。数据的第一个变量为被试编号,第二个变量为被试的作文成绩。其后的 v1 至 v24 为量表的 24 个变量或题项。

我们依次打开 Analyze—Scale—Reliability Analysis,如图 14.1。

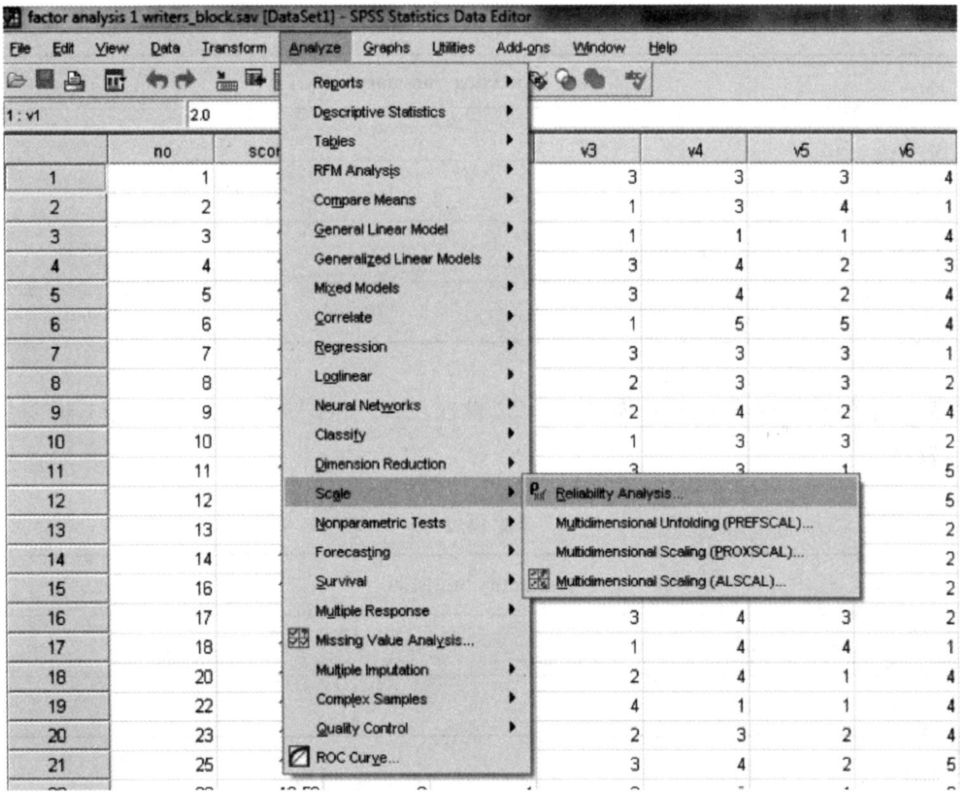

图 14.1

然后,在打开的对话框中,将 v1 至 v24 变量移入右边的 Items 中,如图 14.2。点击 OK。

下面显示的是信度分析的结果。首先是变量的统计小结,如表 14.1。说明变量共有 170 个个案数据(Cases),数据全部有效。

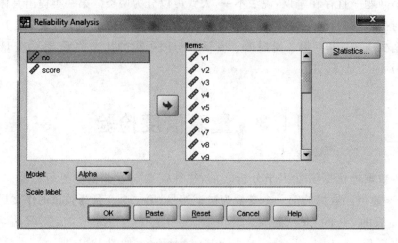

图 14.2

表 14.1

Case Processing Summary

		N	%
Cases	Valid	170	100.0
	Excluded^a	0	.0
	Total	170	100.0

然后显示的是信度分析结果,如表14.2。发现,Cronbach's Alpha值为.843,说明量表的信度比较高。

表 14.2

Reliability Statistics

Cronbach's Alpha	N of Items
.843	24

14.4 探索性因子分析操作方法

下面我们进行探索性因子分析。在 SPSS 中打开数据 factor_analysis_1.sav,依次点击 Analyze—Dimension Reduction—Factor,如图14.3。

在弹出的对话框中,将 v1 至 v24 变量移入右边的 Variables 中,如图14.4。

第 14 章 探索性因子分析

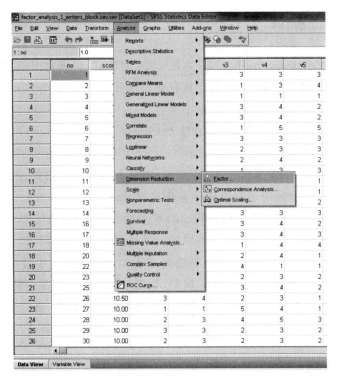

图 14.3

在图 14.4 中点击 Descriptives 按钮,进入图 14.5 对话框,勾选其中的 Initial solution,Coefficients,Significance levels 和 KMO and Bartlett's test of sphericity。点击 Continue,返回上级对话框(图 14.4)。

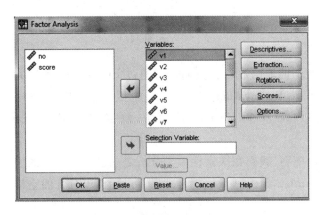

图 14.4

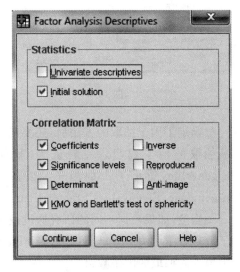

图 14.5

14.4.1 因子抽取

点击图 14.4 中的 Extraction 按钮,进入图 14.6 对话框,以确定因子抽取的方法。

SPSS 提供多种因子抽取的方法,如主成分分析法(Principal Components)、未加权最小平方法(Unweighted Least Squares)、综合最小平方法(Generalized Least Squares)、极大似然估计法(Maximum Likelihood)、主轴因子法(Principal Axis Factoring)、α 因子法(Alpha Factoring)、多元回归法(Image Factoring)。

因子抽取模型大致可分为成分模型(Components Model)和共同因素模型(Common Factor Model)两种。前者常用的有主成分分析法(Principle Components Analysis,PCA),后者常用的有极大似然法(Maximum Likelihood)和主轴因素分析(Principal Axis Factoring)两种方法。我们应根据不同研究目的采取不同的因子抽取模型。前者仅仅为了在尽可能保持原始数据方差的基础上简化数据,而后者主要是为了从大量观测变量中分析潜在变量。也就是说,如果仅仅是为了简化数据,则选择成分模型,如果是为了分析潜在变量,则选择共同因素模型。虽然两者得出的结果大多相同,但理论和实证研究的结果证明,在探索性因子分析抽取因子时使用共同因素模型更合适。因此,本例中我们选择极大似然估计法(图 14.7)。

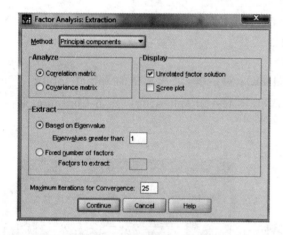

图 14.6

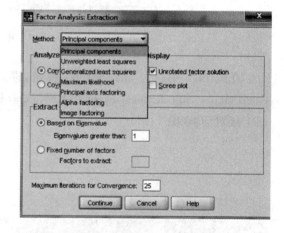

图 14.7

确定了因子抽取的方法后,还要确定因子抽取的数目。我们通常通过 Eigenvalue 值来判断抽取的因子数目。一般认为,只能保留 Eigenvalues 值大于 1 的因子,而应该忽略 Eigenvalues 值小于 1 的因子。因此,图 14.6 中间 Extract 选项中,缺省选择 Based on Eigenvalue,Eigenvalues greater than 1。

当然,如果根据不同的研究假设或理论模型,我们在探索性因子分析之前已经对抽取的因子数目做了相关假设,则可以选择 Fixed number of factors,在 Factors to extract 右方的空格中填入需抽取的因子数目。

14.4.2 旋转方法

点击 Rotation 按钮，进入图 14.8 对话框，以确定因子旋转方法。

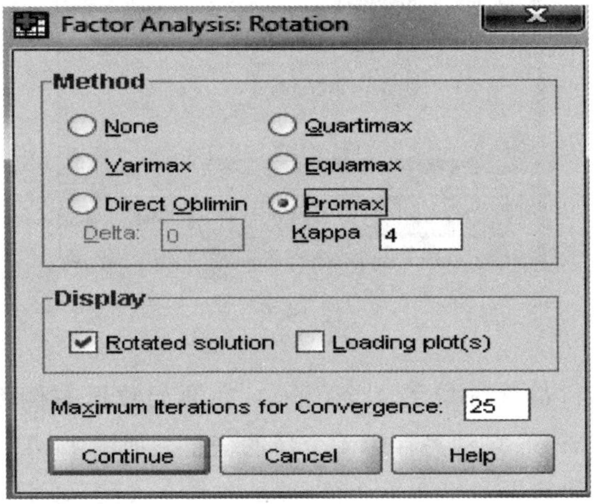

图 14.8

在进行因子分析时，将因子在 n 维空间（n 为因子数）进行旋转，以简化结构，更好地解释因子负荷。常用的旋转方法主要有正交旋转（Orthogonal）和斜交旋转（Oblique）两种。两者的区别在于，正交旋转时，因子间彼此独立，不相关，而斜交旋转允许因子相关。在现实研究中，我们不可能期望所有的因子都不相关，因此采用正交旋转可能使得在报告因子间相关关系时产生误导。因此，采用斜交旋转能更好地简化结构。

SPSS 提供的多种旋转方法总结如表 14.3：

表 14.3

旋转方法				
	正交旋转	方差最大化旋转法（Varimax）	全体旋转法（Equamax）	四分旋转法（Quartimax）
	斜交旋转	最优斜交转轴法（Promax）	最小斜交转轴法（Oblimin）	四分最小法（Quartimin）

本例中，我们选择最优斜交转轴法（Promax）。

14.4.3 因子分析结果设置

点击图 14.4 中的 Scores 按钮，进入图 14.9 对话框。如果我们需要将因子分析的结果保存以用作其他分析，则需要选择 Save as variables。Save as variables 下面有 Regression、Bartlett、Anderson-Rubin 等三种方法。本例缺省选择 Regression 方法。

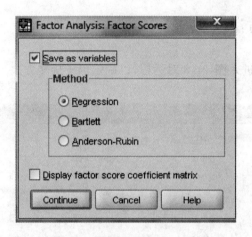

图 14.9

本例因子分析完成后(最终抽取了 4 个因子),在原始数据右侧将会出现保存的因子值(Factor Scores),它们被 SPSS 自动另存为 4 个新的变量。如图 14.10。我们可以将这 4 个变量用做其他分析,如与原始数据的第 2 个变量(被试的作文成绩)做相关分析等。

	FAC1_1	FAC2_1	FAC3_1	FAC4_1
1	0.04505	0.94861	0.87172	0.43549
2	1.31363	0.93741	0.18349	-2.00336
3	1.21233	0.80831	0.23205	0.69828
4	-0.04358	-0.62659	-0.77237	0.22872
5	0.90332	0.35592	-0.63015	0.40440
6	1.22731	3.18828	2.94300	-0.95028
7	0.94791	0.80083	0.02354	-0.31486
8	0.44266	0.65907	-0.81996	-1.77118
9	0.14150	1.60243	-1.12937	1.02412
10	-0.27997	0.23305	0.70041	-0.67757
11	-1.19977	-0.50643	-0.92615	1.22514
12	-2.41860	-1.20891	-0.64442	1.91092
13	-0.44992	-1.12691	-0.10618	-0.17750
14	-0.19356	-0.06844	-0.62880	-1.20359
15	0.10265	-0.68744	-0.09076	-0.80856
16	-0.01848	0.58316	-0.78790	-1.20367
17	1.49902	0.61288	-0.30549	-2.05606
18	-1.78029	-1.43746	-1.32431	0.21334
19	0.52791	1.50210	0.72543	1.56290
20	0.78918	-0.45166	-0.54360	0.06248
21	0.76842	0.06866	-0.29558	1.03223
22	0.37397	2.84674	2.65083	0.81824
23	-2.19556	-1.16682	-1.20532	1.75878
24	0.48920	0.71228	-1.17100	1.07094
25	0.51581	-0.32164	-0.08191	0.02087
26	0.27755	-0.57756	-0.96090	-0.39481

图 14.10

14.4.4 相关系数显示方式设置

点击图 14.4 中的 Options 按钮,进入图 14.11 对话框,对相关系数的显示方法进行设置,以利于我们更方便地阅读因子分析的结果。

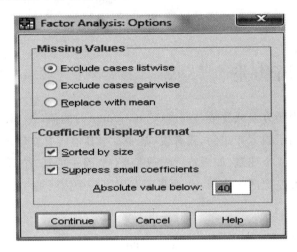

图 14.11

在 Coefficient Display Format 中勾选 Sorted by size。此选项要求将相关系数按照变量系数绝对值(Absolute Value)或负荷(Loadings)的大小进行排序。

勾选 Suppress small coefficients,并在 Absolute Value below 右侧的空白处填入 .40。此选项将不显示负荷小于 .40 的变量。

一般情况下,我们保留交叉负荷大于 .30 的变量进入因子。但是,也有学者认为,只有变量的交叉负荷大于 .40 才能保证量表的构念效度(Construct Validity),即我们应该删除交叉负荷小于 .40 的变量。因此,本例中,我们设置删除负荷小于 .40 的变量。

14.5 第一次探索性因子分析结果

14.5.1 相关矩阵

首先显示的是各个变量之间的相关矩阵(Correlation Matrix)(限于篇幅,相关矩阵表格省略)。我们发现,很多变量之间是显著相关的(Sig. 小于 0.05)。这些显著相关的变量有可能是解释同一个潜在变量(Latent/Unobserved Variable),或者说,这些变量是属于同一个因子的观测变量(Observed Variable,Manifest Variable,Measured Variable)。

接下来显示的是 KMO and Bartlett's Test 的结果,如表 14.4。结果表明,KMO value 值为 .865,Bartlett 球性检验显著(Sig. = .000),说明数据适宜进行因子分析。

表 14.4

KMO and Bartlett's Test		
Kaiser-Meyer-Olkin Measure of Sampling Adequacy.		.865
Bartlett's Test of Sphericity	Approx. Chi-Square	1623.194
	df	276
	Sig.	.000

14.5.2 公因子方差

然后显示的是公因子方差或变量共同度(Communality)的值(表14.5)。公因子方差表示的是各个变量解释的因子的方差比例,或者说,某变量与其他所有变量之间的关系。

本例中,我们共有 24 个变量,如果将之看成是 24 个因子的话,公因子方差表示的就是各变量解释的各因子的方差比例。比如,v1 变量解释了第一个因子的 44.5% 的方差。

表 14.5

	Communalities	
	Initial	Extraction
v1	.421	.445
v2	.504	.596
v3	.393	.331
v4	.208	.109
v5	.518	.559
v6	.336	.374
v7	.493	.691
v8	.538	.577
v9	.556	.561
v10	.570	.600
v11	.662	.723
v12	.464	.428
v13	.512	.466
v14	.508	.524
v15	.306	.294
v16	.388	.369
v17	.286	.293
v18	.454	.527
v19	.553	.561
v20	.532	.478
v21	.435	.423
v22	.527	.497
v23	.569	.656
v24	.448	.421
Extraction Method: Maximum Likelihood.		

14.5.3 特征值和解释的方差

表 14.6 中显示的是特征值(Eigenvalues)和解释的方差。

在确定因子数目时可以采用多种方法,综合比较,以更准确地确定因子数目。常用的确定因子数目的方法有特征值(Eigenvalue)大于 1 和碎石图(Scree Plot)检验,这两种方法因为简单易行而被广泛使用。利用特征值大于 1 来确定因子数目的劣势在于,由于其确定的因子数过多,因而不够准确。

根据表 14.6 的信息,我们可以抽取 5 个因子,这 5 个因子共解释了 58.778% 方差。

表 14.6

Total Variance Explained

Factor	Initial Eigenvalues			Extraction Sums of Squared Loadings			Rotation Sums of Squared Loadings[a]
	Total	% of Variance	Cumulative %	Total	% of Variance	Cumulative %	Total
1	7.280	30.333	30.333	6.770	28.208	28.208	5.998
2	2.470	10.293	40.626	2.002	8.343	36.551	5.187
3	1.626	6.777	47.403	1.152	4.798	41.349	2.218
4	1.570	6.540	53.943	1.037	4.321	45.671	1.603
5	1.160	4.835	58.778	.540	2.250	47.920	2.771
6	.971	4.045	62.823				
7	.852	3.549	66.372				
8	.834	3.474	69.846				
9	.720	3.000	72.845				
10	.688	2.868	75.713				
11	.650	2.710	78.423				
12	.605	2.523	80.946				
13	.553	2.305	83.251				
14	.535	2.230	85.480				
15	.497	2.069	87.549				
16	.464	1.935	89.484				
17	.421	1.754	91.239				
18	.395	1.646	92.884				
19	.355	1.478	94.363				
20	.311	1.298	95.661				
21	.309	1.288	96.949				
22	.268	1.117	98.066				
23	.257	1.070	99.136				
24	.207	.864	100.000				

Extraction Method: Maximum Likelihood.

a. When factors are correlated, sums of squared loadings cannot be added to obtain a total variance.

我们也可以使用碎石图来判断抽取因子的数目。碎石图检验虽然直观、简便,却过于主观,难以明确界定因子数目。本例中的散点图如图14.12。从图中可见,我们可以抽取4个或者5个因子。

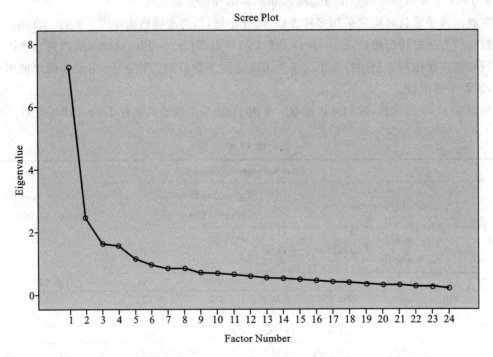

图 14.12

14.5.4 因子矩阵

表14.7显示的是旋转后的因子矩阵。我们发现,第5个因子只包含一个变量(v10)。一般来说,一个因子至少应该包含3个变量,或者说,一个因子或潜在变量应该至少由3个观测变量来解释。这说明本例中的数据不宜抽取5个因子。因此,我们需要设定抽取4个因子,进行第二次因子分析。

表 14.7

	Factor				
	1	2	3	4	5
v2	.852				
v1	.713				
v20	.702				
v9	.666				
v8	.614				

续表

	Factor				
	1	2	3	4	5
v3	−.518				
v11	.456				.405
v12					
v23		.888			
v14		.695			
v13		.559			
v22		.553			
v24		.545			
v19		.514			
v21		.499			
v18			.679		
v15			.534		
v16			.532		
v17			.468		
v7				.781	
v6				.618	
v5	.407			−.438	
v10	.417				.446
v4					

14.6 第二次探索性因子分析结果

第二次因子分析的过程与第一次因子分析基本相同。所不同的是,我们在设置 Extraction 时,设定抽取 4 个因子。在 Extract 下方勾选 Fixed number of factors,在 Factors to extract 右方的空格中填入需抽取的因子数目 4,如图 14.13。

第二次探索性因子分析结果如下。

14.6.1 特征值和解释的方差

从表 14.8 中可见,当设定抽取 4 个因子时,4 个因子共可解释 53.943% 方差。与抽取 5 个因子时解释 58.943% 方差相比,损失并不大。

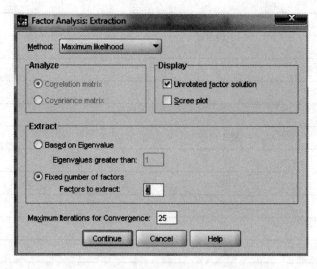

图 14.13

表 14.8

Total Variance Explained

Factor	Initial Eigenvalues			Extraction Sums of Squared Loadings			Rotation Sums of Squared Loadings[a]
	Total	% of Variance	Cumulative %	Total	% of Variance	Cumulative %	Total
1	7.280	30.333	30.333	6.751	28.131	28.131	5.750
2	2.470	10.293	40.626	1.975	8.229	36.361	4.854
3	1.626	6.777	47.403	1.140	4.749	41.109	3.455
4	1.570	6.540	53.943	1.004	4.181	45.290	2.574
5	1.160	4.835	58.778				
6	.971	4.045	62.823				
7	.852	3.549	66.372				
8	.834	3.474	69.846				
9	.720	3.000	72.845				
10	.688	2.868	75.713				
11	.650	2.710	78.423				
12	.605	2.523	80.946				
13	.553	2.305	83.251				
14	.535	2.230	85.480				
15	.497	2.069	87.549				
16	.464	1.935	89.484				

Total Variance Explained

Factor	Initial Eigenvalues			Extraction Sums of Squared Loadings			Rotation Sums of Squared Loadings[a]
	Total	% of Variance	Cumulative %	Total	% of Variance	Cumulative %	Total
17	.421	1.754	91.239				
18	.395	1.646	92.884				
19	.355	1.478	94.363				
20	.311	1.298	95.661				
21	.309	1.288	96.949				
22	.268	1.117	98.066				
23	.257	1.070	99.136				
24	.207	.864	100.000				

14.6.2 因子矩阵

表14.9为因子矩阵。可见,v2和v4两个变量没有进入因子矩阵,应该从因子矩阵中删除。另外,有一个变量(v19)在第2和第3个因子上出现了交叉负荷(Cross-Loading)大于.40(分别为.493和.470)的情况。如果某变量出现了交叉负荷大于.30或者.40的情况,应该将该变量删除。因此,v19变量也应该从因子矩阵中删除。

表14.9

	Factor			
	1	2	3	4
v11	.825			
v10	.795			
v8	.789			
v12	.588			
v9	.563			
v20	.521			
v3	−.475			
v1	.442			
v2				
v4				
v23		.856		
v14		.637		
v22		.530		
v24		.528		

续表

	Factor			
	1	2	3	4
v13		.510		
v19		.493	.470	
v21		.472		
v18			.744	
v16			.461	
v15			.422	
v17			.412	
v7				.771
v6				.673
v5				−.556

14.6.3 最终结果

根据各因子所包含变量的意义,我们将 4 个因子分别命名为:Complexity、Blocking、Premature editing、Attitudes,具体见表 14.10。

表 14.10 Factors of writer's block of Chinese EFL learners

Factor		Variables	Loading
Factor I Complexity	v11	To write essays on books and articles that are very complex is difficult for me.	.825
	v10	I have trouble deciding how to write on issues that have many interpretations.	.795
	v8	I'm not sure, at times, of how to organize all the information I have collected for a paper.	.789
	v12	I have trouble with assignments that ask me to compare or contrast or to analyze.	.588
	v9	Writing on topics that can have different focuses is difficult for me.	.563
	v20	At times, I find it hard to write what I mean.	.521
	v3	I think my writing is good.	−.475
	v1	My teachers are familiar with so much good writing that my writing must look bad by comparison.	.442

续表

Factor		Variables	Loading
Factor Ⅱ Blocking	v23	At times, I sit for hours unable to write a thing.	.856
	v14	I have to hand in assignments late because I can't get the words on paper.	.637
	v22	Starting a paper is very hard for me.	.530
	v24	Estimate how often you experience writer's block.	.528
	v13	I run over deadlines because I get stuck while trying to write my paper.	.510
	v21	At times, my first paragraph takes me over two hours to write.	.472
Factor Ⅲ Premature editing	v18	My first paragraph has to be perfect before I'll go on.	.744
	v16	When I write, I'll wait until I've found just the right phrase.	.461
	v15	Each sentence I write has to be just right before I'll go on to the next.	.422
	v17	I find myself writing a sentence, then erasing it and trying another sentence, then scratching it out. I might do this for some time.	.412
Factor Ⅳ Attitudes	v7	I like having the opportunity to express my ideas in writing.	.771
	v6	I enjoy writing, though writing is difficult at times.	.673
	v5	Writing is a very unpleasant experience for me.	−.556

14.7 练　　习

高一虹、赵媛、程英、周燕(2003)[①]研究了中国大学本科生英语学习动机类型。该研究使

[①] 高一虹,赵媛,程英,周燕. 2003. 中国大学本科生英语学习动机类型[J]. 现代外语,26(1):28-38.

用的英语学习动机类型量表包括30个题项,通过探索性因子分析,该研究共从中抽取了7个因子,即将大学生的英语学习动机类型分成7种。

我们使用该研究量表,对某高校92名大学生也进行了英语学习动机类型问卷调查。请对该数据进行探索性因子分析,并将统计结果与高一虹、赵媛、程英、周燕(2003)结果进行比较。(数据:factor_analysis_2_motivation.sav)